한국사 미스터리 2
한반도에 **백제는** **없었다**

한국사 미스터리 2
한반도에 백제는 없었다

초판 1쇄	2021년	3월 15일
초판 2쇄	2022년	5월 10일
초판 3쇄	2022년	6월 30일
초판 4쇄	2023년	10월 20일

저　　자　오 운 홍
발 행 인　권 호 순
발 행 처　시간의물레
등　　록　2004년 6월 5일
주　　소　경기도 파주시 숲속노을로 150, 708동 701호
전　　화　031-945-3867
팩　　스　031-945-3868
전자우편　timeofr@naver.com
블 로 그　http://blog.naver.com/mulretime
홈페이지　http://www.mulretime.com
Ｉ Ｓ Ｂ Ｎ　978-89-6511-350-8 (03910)
정　　가　15,000원

* 이 책의 저작권은 저자에게 출판권은 시간의물레에 있습니다.

'역사책 수거령'으로 강탈해 간 '일본 왕실 도서'
반환 없어도 역사 복원을 진행하고 있다

한국사 미스터리 2

한반도에
백제는 없었다

창도 오운홍

백제 성왕은 '납공과 수비
군사의 통제'에서 벗어나려고
국호를 남부여로 변경했다

광개토왕의 수군은
중국 동해안을 따라서
왜를 정복했다

2집을 내면서

「한국사 미스터리」 1집(『고대사 뒤집어 보기』)의 독자로부터 "어느 정도 공감은 하지만 백제가 건국에서 멸망까지 한반도가 아닌 중국에 있었다는 주장에 대해 믿기지 않는다. 정말 확실하냐?"는 질문을 받았다. 또한 백제의 웅진성이나 사비성이 중국 땅이라면 그곳이 어디인지 궁금하다는 독자도 있었다. 그래서 더욱 2집을 쓰지 않을 수 없었다. 물론 2집을 쓰게 된 계기가 이들 독자의 관심 때문만은 아니다.

상고사, 「한국사 미스터리」(1~2집)를 쓰게 된 동기는 오래전부터 있었다. 필자가 전공하지는 않았지만, 배운 역사를 가르치는 현장 교단에서 20여 년에 걸쳐 교재연구를 했던 경험이 있다. 교육학을 전공하지 않았는데도 유명 교수가 되는 것처럼 필자도 역사 수업에 충실하기 위해 노력해 왔다.

필자가 젊은 날 여행 중에, 공주 마곡사(안내판)에서 모순을 직감했다. 그것은 '신라 스님, 자장(慈藏)율사가 640년에 창건했다.'는 사적기(寺跡記)이다. 보통은 안내판을 읽으며, '신라가 창건한 절', 혹은 '640년이면 1,300년이 훨씬 넘은 고찰이네' 하는 식의 인식일 것이다. 그러나 필자는 당시 국사도 가르치는 교사로서, '창건 640년'이 백제가 멸망(660년)하기 20년 전 햇수로 인식하면서 모순을 감지한 것이다.

마곡사가 있는 공주 땅이 백제 땅이라면, 당시 신라와 백제가 격렬한 전쟁 중일 텐데, 그리고 백제가 불교국가로 알고 있는데, 백제 스님은 어디 가고 어떻게 신라 스님이 백제 땅에서 사찰을 건립할 수 있는지, 정말 의문이었다.

'역사를 가지고 누군가 거짓말하고 있다.'고 보았다.

사찰 안내판(불교계)인가?

역사 교과서(국사학계)인가?

거짓말이 아니라면, 어느 쪽이 무지(無知)하거나 …

필자가 붓을 든 이유는 이러한 모순 외에도 수많은 의문점이 더 있다.

부여를 사비성이라 정해놓고 왕궁터의 주춧돌을 찾는다며 오늘까지 왔는데 결과물이 없다. 왜정 때부터 80년 넘게 주춧돌을 찾아 왔던 것이다.

신라가 조성했다는 전북 김제의 벽골제도 그렇고, 돈을 주고 묘터를 마련한 공주의 무령왕릉도 납득 할 수 없는 의문이다.

한국사는 설득력 없는 역사가 되었다.

일제 강점기에 일본이 강제로 『조선사』를 써 줄 때, 모든 역사를 한반도에 쓸어 담아 짜깁기하다 보니 백제의 근초고왕(13대)도 동성왕(24대)도 국제 미아가 되고 말았다.

제대로 된 역사의 옷을 지으려면 옷감이 되는 직조가 가로세로 흠결이 없어야 한다. 역사적으로 종횡이 맞아야 한다. 인접 국가와의 이음새 즉, 역사의 좌우가 맞아야 한다. 역사뿐만 아니라 모든 진실은 앞뒤, 좌우가 꼭 맞는다. 이음새가 맞지 않아 틈이 생긴다면 그 연결고리는 모조품이거나 대용품일 것이다.

우리 한국사의 상고사 부분에 구멍이 뚫리고 틈이 생겨 곳곳이 헤어져 너덜거리고 있다. 이렇게 흉측해진 거적때기로 우리 후세들에게 역사의 옷을 입히겠다니 말이 되지 않는다. 이와 같은 모순과 수치는 우리 세대에서 끝내야 한다.

「한국사 미스터리」 1집은 '신라의 여왕과 남왕의 역사'와 '한반도에 한사군이 없었다'는 증거제시에 중점을 두었다. 이번에 발간하는 2집은 백제의 왕도를 찾는 일이고 백제와 숙명적으로 전쟁을 벌이는 고구려 격전지 이야기다. 마한의 역사와 고조선의 역사는 다음 기회를 소망한다. 역사를 사랑하는 사람들은 아름답고 자랑스러운 역사도 좋지만 더 중요하게 여기는 것이 있다. 정직하고 진실된 역사다. 정직한 역사가 아니라면 그럴듯한 역사소설이라 하는 게 낫다.

이 책이 나오기까지 두 분의 도움이 있었다.

매양 날카로운 질문을 해 주시는 첫 번째 독자, 홍성림(洪性林) 편집이사님께 감사를 드린다. 또 한 분은 코로나19 사태로 고독하고 멀미가 나는 오랜 집필 과정에 말벗이 되어준 홍영기(洪永基) 전 교장이다. 전화상이지만 필자가 쓰고 있는 내용을 들어주기도 하고, 대화 중에 가끔은 문제 해결의 영감을 얻기도 했다.

홍천(洪川) 여호내골 백인당(百忍堂)에서 가을걷이하며, 지난날 잎이 푸른 여름 내내 덩굴처럼 벋어나간 상상의 나래를 걷어내고, 우리 역사의 진실을 다듬어내고 있다.

2020. 11.

창도(彰道) 오운홍이 쓰다

차 례

머리말 4

제1장 백제의 유물을 찾아주세요
1. 주춧돌 없는 왕궁터가 어디 있나? 10
2. 몽촌토성, 공산성, 사비성에도 주춧돌이 없다는 충격 15
3. 사기(詐欺) 당한 역사를 사찰에서 만나다 20
4. 공주 송산리 무령왕릉과 부여 능산리 왕릉 비교 25
5. 김제 벽골제 해석에서 역사 왜곡을 본다 28
6. 가야국의 철 생산지 전북 완주군의 재발견 31
7. 이성산성 발굴과 국사계의 갈등 34
8. 이성산성은 신라가 초축한 성이 아니다 38
9. 백제가 한반도에 있었다는 증거는 없다 48
10. 백제금동대향로는 백제 유물인가? 55
11. 한반도 백제를 고집하기 전에 답을 해야 하는 문제들 59

제2장 백제의 왕도를 찾아서
1. 중국 땅에서 찾아보는 백제 위례성 64
2. 백제의 두 번째 도읍 한성은 어디인가? 68
3. 근초고왕의 한산 천도를 어떻게 볼 것인가? 75
4. 백제의 세 번째 도읍 한성은 어디인가? 80
5. AD369년 백제의 치양(雉壤) 전투지 논란 85
6. 치양 전투지를 고구려 정세분석에서 찾다 91
7. 백제의 네 번째 도읍, 웅진성을 찾아서 98
8. 중국 남북조의 조두(鳥頭) 지역에서 백제의 흔적을 찾다 104
9. 북위는 지난(濟南)과 지닝(濟寧) 라인을 넘지 못했다 108

차 례

10. 산둥반도에 남아있는 백제의 흔적　　　　　　　　114
11. 여섯 번째 도읍 사비성의 그림자를 쫓아가다　　　118
12. 무령왕은 웅진 백제가 아니라 월주 백제의 왕이다　123
13. 성왕은 남천(南遷)이 아니라 월주에서 북천한 것이다　131
14. 『구당서』의 백제 동·서 2성은 성왕 때를 말한다　　139
15. 무령왕이 한반도에 묻힌 사연을 찾아내다　　　　　145
16. 남부여로 변경한 이유는 고구려와의 관계 정리에 있다　150
17. 백제의 마지막 '황산벌'은 어디인가?　　　　　　　158

제3장 고구려의 격전지를 찾아서

1. 최치원의 장계를 읽다　　　　　　　　　　　　　166
2. 『삼국사기』로 보는 고구려의 진출 방향　　　　　　170
3. 고구려가 보는 한반도는 조용한 뒤뜰이다　　　　　176
4. 광개토왕은 민생과 국부(國富)를 서쪽에서 얻었다　　182
5. 광개토왕의 남벌은 중국 해안선을 따라갔다　　　　186
6. 광개토왕은 일본 열도에 상륙하지 않았다　　　　　192
7. 광개토왕의 남벌은 수륙 양면 작전이다　　　　　　198
8. 광개토왕의 남벌은 양쯔강 이남 회계군까지이다　　204
9. 강소성 양저우에서 고민사(高旻寺)를 만나다　　　　209
10. 려(麗)·제(濟)·라(羅)·수(隋)가 공존할 수 있나?　　213
11. '임나일본부설'은 번지수가 다른 논쟁이다　　　　217

참고문헌　223
찾아보기　225
책을 마무리하며　229

제1장

백제의 유물을 찾아주세요

1. 주춧돌 없는 왕궁터가 어디 있나?

이 책을 쓰게 된 동기는 서문에서도 밝혔듯이 오도(誤導)되고 헝클어진 한국 고대사는 '잘못된 기원출발'에 있다. 그리고, 그러한 잘못된 기원과 오도는 일제 강점기 때 일본이 우리 역사를 악의적으로 축소 왜곡해 쓴 『조선사(朝鮮史)』(1938년)에서 비롯되었다고 본다.

우리 고대사에 대한 수많은 왜곡과 축소 중 하나가 백제는 한반도의 서남부(서울, 경기, 충청, 전라 지역)에 있었으며, 백제의 첫 도읍지 역시 한강 유역에 있었다는 우리 역사 교과서의 서술이다.

필자는 이미 우리 역사에 대한 오도된 인식을 바로잡고자 『고대사 뒤집어 보기』(시간의물레, 2020.03.11.)에서 중국사료들을 통해 백제의 첫 도읍지가 한반도에 있지 않고, 중국 땅인 '동경110°-122° 북위38°- 48° 범위'의 요서를 포함한 지역(p.106)임을 밝혔다.

아울러 〈백제본기〉 '시조 온조왕 조(條)'에 나오는 '北帶漢水 東據高岳 南望沃澤 西阻大海[북쪽으로 한수를 (방어의) 띠로 삼고, 동쪽으로 높은 산악에 의존하며, 남쪽으로 비옥한 땅'이 펼쳐지고, 서쪽으로 큰 바다가 막아준다]의 기록을 근거로 백제의 도읍지 위례성은 '현 베이징 동부지

역, 조백하(朝白河)의 서쪽'(p.108)이라고 추정했다.

이러한 주장이 가능했던 것은, 백제 건국 당시 중국 요서 지역에 위치한 조백하(朝白河) 포함 5개 강 수계(동경115°-118° 북위36°- 41°)를 묶어 계절 따라 해하(海河) 즉 해(海)로 표기한 중국 지도를 찾아냈고 아직도 그렇게 불리고 있다는 사실을 알아냄으로써 '서쪽으로 큰 바다가 막아준다'고 기록한 〈백제본기〉의 대해(大海, 해하)라는 '바다'의 실체를 밝혔기 때문이다.(본책 제2장 백제의 왕도를 찾아서 p.69의 해하유역도海河流域圖 참조) 여기에 더해 『삼국사기』 〈백제본기〉에 나오는 백제의 일식 기록을 분석한 천문학자 박창범 교수의 연구 결과가 필자의 주장을 더욱 공고히 해 주고 있다.

그런데 국사학계는 풍납토성이나 몽촌토성을 초기 백제 도읍으로 보고 있다.

이곳을 중심으로 하여 삼국사기에 기록된 위례성 지세를 맞추어보면, 북쪽은 한강이 있고, 동쪽은 예봉산, 운길산, 검단산(하남시) 등 산으로 이어지는 점은 비슷하다. 그리고 백번 양보해 서쪽에 방어선 혹은 저지선은 아니지만 황해가 멀리 떨어져 있으니 비슷하다고 하더라도 남쪽은 전혀 아니다. 지금의 송파구와 강동구 일대는 도시 개발 전에 평야가 아니라 구릉지였고 일자산과 이성산과 청량산(남한산성)과 검단산(성남시) 등 산악으로 이어져 있다. 삼국사기가 묘사하는(南望沃澤), 남쪽에는 비옥한 땅이 보인다에 해당하는 평야가 아니다. 학계에서는 풍납토성에서 동남쪽으로 광주산맥을 넘어 40여 킬로미터를 가면 이천평야와 또 그 남쪽으로 여주평야가 있다고 하면서 풍납토성을 억지로 하남 위례성이라 변호하고 있다. 남망(南望)이라는 바라볼 망(望)은 지금 눈에 직접 보이는 대상을 전제로 한다. 보이지 않는 남쪽 어디쯤의 땅이라 호도하는 것은 궤변 중의 궤변이라 할 수 있다.

심지어는 위례성에 대한 기록이 처음부터 잘못된 것이거나 『삼국사기』를 편찬 할 때 잘못 옮겨 적은 것이라고 주장하는 학자도 있다.

그런 생각 때문에 역사의 신뢰성이 떨어지는 것이다.

한강 유역의 하남 위례성으로 추정하는 곳이 풍납토성뿐 아니라 몽촌토성이나 이성산성이라 해도 삼국사기의 남쪽 풍경은 전혀 다르다. 위례성은 한반도 한강 유역이 아닌 것 같다.

필자의 책 『한국사 미스터리 1, 고대사 뒤집어 보기』를 읽은 독자들이 (천문)과학적, 지리적 해하의 발견에는 공감하지만, 우리가 배운 한반도의 백제는 무엇이냐고 반문한다. 한반도 서남부에 백제가 있었다는 지울 수 없는 고정관념 때문이다.

이 책의 첫 장부터 '백제의 왕궁터를 찾아서' 떠날 계획이다.

풍납토성이 초기 백제의 왕궁터라고 주장하는 국사학계의 이론을 정리한 기록들을 찾아보았다. 풍납토성은, 서울 한강의 '올림픽대교와 천호대교 사이에, 한강 남부 연안에 타원형으로 위치한다. 전체 넓이는 353,589.1 제곱미터로 본디 둘레가 4킬로미터에 달하는 토성이었으나, 1925년 을축년 대홍수로 남서쪽 일부가 잘리고, 이후 서울이 개발되는 와중에도 특별한 보호 없이 방치되는 등 잡다한 사유들로 말미암아 현재는 2.7킬로미터 가량만이 남아 있다'(출처: 나무위키 풍납토성)

학계는 이곳을 한성 시대(371-475년)[1]의 도읍으로 보고 있다. 그들의 주

1) 371년은 〈백제본기〉 '근초고왕 26년, 도읍을 한산으로 옮겼다'는 기록에 근거한다.

장을 들어보면, 한성은 장수왕의 침입(475년)으로 초토화됐고, 이후 언젠가 한강의 홍수로 묻혔다가 1925년(을축년) 대홍수 때 풍납토성의 일부가 드러났다는 이야기다. 1450년간 사라진 백제의 도읍지가 모습을 드러낸 셈이고, 당시(일제) 일본 학자가 풍납토성을 위례성으로 비정하였으나 그의 주장이 묻혀버렸다고 한다.

그러다가 2000년대 초반 들어 풍납토성(1997년 발굴)은 백제 관련 『삼국사기』 초기 기록을 재조명하게 만들었고 20세기 고대사 연구의 뜨거운 부분이 되었다. 이와 관련하여 토성의 성곽을 절개 조사한 결과 풍납토성의 일부 구역은 BC1세기에서 AD3세기 사이에 축조된 것으로 나타났다. 이 기간은 백제 근초고왕 이후 한성 시대(371-475년)와는 거리가 있다고 본다.

또 나머지 성벽의 축성 시기에 대한 언급이 없고, 축조 연대가 한성 시대와 다름에 대한 해명도 없이 국사학계가 풍납토성을 한성백제와 관련짓는 것은 잘못된 것으로 본다.

필자는 풍납토성에서 왕궁터와 왕궁의 주춧돌에 관심을 두고 있다. 그곳에서 궁궐터로 보이는 주춧돌을 찾았다는 보고서를 본 일이 없다. 풍납토성에는 왕궁터를 가리킬만한 주춧돌이 없다는 것이 국사학계도 인정하는 바다. 그러면서 주춧돌이 없는 데도 왕궁이 있는 도읍지라 한다. 주춧돌이 홍수에 떠내려갈 수도 없는 물건인데, 개로왕이 죽은 후 백성들이 왕궁의 주춧돌을 이빨 뽑듯이 죄다 뽑아낸 것일까? 아니면 처음부터 (주춧돌이) 없었던 것일까? 주춧돌이 없는 이유에 대해, 땅을 파고 기둥을 세워 그 위에 지붕을 올리는 방식의 굴립식 건물로 왕궁을 지었다고 한다. 그러면서 동시대 일본과 비교해 당시에는 굴립식(掘立式) 건물이 최고 수준이었다고 주장하는 학자도 있다.

이 주장은 눈가림 아옹 하는 식이다. 같은 시기(475년), 고구려의 안학궁(安鶴宮) 터에는 대형 주춧돌만 무려 2,590개가 발견되었다(이희진·강찬석 『잃어버린 백제의 옛 도읍지』). 동시대 고구려는 화려한 궁궐인데 백제왕은 굴립식 가옥이라니, 어느 부족 추장이 사는 집인가? 이 방식의 건물을 주장하는 학자들은 그 당시는 주춧돌을 사용하지 않는 문화라고 변명하고 있다.

풍납토성에서 남동쪽으로 직선거리 7킬로미터 떨어진 곳에 '이성산성(二聖山城)'이 있다. 산성 안에 구각정(九角亭)과 전각 터, 그 서쪽에 팔각정(八角亭) 터 등에 주춧돌이 남아 있다.

필자는 이성산성이 그곳 가까이 있는 검단산(黔丹山)과 관련된 유적으로 보고 있다.2) 울산광역시 울주군 검단리(檢丹里) 유적이 방사성탄소연대 측정 결과 BC930년으로 확인된 것으로 보아 이성산성 초기 조성도 이 시기와 비슷하거나 그 이전으로 보고 있다.

이때 기원전 10세기에도 이미 주춧돌 건축이 있었는데, 그로부터 1400년(BC930 + AD475)이 지난 백제의 유적에 주춧돌 문화가 아니라고 말하는 것은 소가 웃을 일이다.

풍납토성은 백제 도읍이 분명히 아니다.

2) 오운홍, 검단은 선사시대 한자 용어의 군사방위 개념이다, 『해동문학』, 2014. 여름호.

2. 몽촌토성, 공산성, 사비성에도 주춧돌이 없다는 충격

풍납토성에서 왕궁의 주춧돌 찾기는 어렵다는 결론에 도달했다.

풍납토성에서 남서쪽으로 5킬로미터 떨어진 곳에 몽촌토성이 있다. 현재 올림픽공원이 조성된 곳이다.

몽촌토성은 1984-1989년에 걸쳐 서울대학교 박물관에서 발굴했다.

성의 외곽 둘레는 방어용 하천인 해자 시설과 성의 방비를 위한 목책이 설치되어 있었다. 그 내부에서 백제 초기의 움집터와 기와 및 토기를 비롯한 각종 유물이 출토되었다. 그러나 왕궁터로 볼 수 있는 주춧돌은 발견되지 않았다.

발굴 결과 몽촌토성이 왕성임을 뒷받침해주는 확실한 증거는 확인되지 않았다.

그런데도 일부 학자들은 몽촌토성을 백제의 첫 도읍지인 위례성으로 보기도 한다. 〈백제본기〉 '근초고왕 26년(371년)에 도읍을 한산으로 옮겼다'는데 이들 주장대로 본다면, 위례성에서 엎드리면 코 닿을만한 거리에 있는 풍납토성으로 천도한 셈이다. 홍수가 나면 물바다가 되는 곳으로 궁궐을 옮긴 것이 된다. 말도 안 되는 상상이다.

 현재 학계는 풍납토성과 몽촌토성 모두를 통틀어 하남 위례성으로 지칭하고 풍납토성을 북성(평지성), 몽촌토성을 남성(산성)으로 삼아 평소에는 풍납토성에서 지내다가 홍수 등 급박한 위기 시에는 몽촌토성으로 피했던 것 아닌가 하는 의견을 내놓아 끼워맞추고 있다.

 왕성의 넓이를 비교해 보자.

 몽촌토성은 6만7천 평이고 풍납토성은 17만 평이다. 같은 시기 고구려의 장안성은 358만 평이고 신라의 왕경은 484만 평에 이른다. 고구려, 신라와 경쟁하던 백제의 왕성의 규모가 고구려, 신라에 비해 너무 초라하다는 점을 쉽게 납득할 수 없다.

 우리 국사학계는 너무나 처절하게 몽촌토성과 풍납토성에 매달려 있다. 정곡을 찌르는 질문에 말 안 되는 변명으로 일관하며 백제사를 누더기로 만들고 있다.

 이번에는 웅진 시대의 백제 공산성을 찾아가 보자.

 공산성의 총 길이는 2,660미터이다. 지금은 유실된 곳이 많아 정확히 알 수 없지만 일제 강점기 때 일본에 의해 조사된 수치이다. 공산성 내부 면적은 한 변의 길이를 (2,660÷4)665미터의 정사각형으로 볼 때, 대략 442,225제곱미터의 넓이가 되고, 이를 환산하면 약 13만 3,800평이 된다(출전: 강찬석·이희진). 이 규모는 고구려나 신라 왕성에 비할 바가 못 된다. 만약 공산성이 장방형이면 면적은 이보다 더 작아진다.

 『한국고고학사전』(국립문화재연구소, 2001. pp.83-85)을 보면, 성곽 내부에서 확인된 것은 임류각(臨流閣)지와 추정 왕궁지 등이다. 그런데 추정 왕궁지

에서 나온 것이라고는 적심석(積心石)을 갖춘 건물지 2동인데 과연 왕궁터로 볼 수 있는지 의심스럽다. 복원된 임류각 사진을 보자.

공산성 임류각
(출처; 황세옥의 전통건축이야기)

복원된 임류각을 보면 기둥 밑에 주춧돌이 보인다. 만약 주춧돌이 없다면 기둥이 썩어 몇 년을 지탱할 수 없을 것이다. 그런데 공산성 내 왕궁지로 보이는 곳에 주춧돌이 없다. 과연 왕궁지가 맞는지 의심스럽다.

국사학계는 공산성을 웅진 시대(475-538)[3], 64년 동안 존속했던 도성으로 보고 있다. 이 시기에 동성왕(24대)이 중국 북방의 패권을 쥐고 있던 북위를 상대로 전쟁에서 두 차례(484년, 490년) 승리했다니 믿어지지 않는

---

[3] 웅진시대를 538년까지로 본 이유는 〈백제본기〉 '성왕16년(538년) 봄에 도읍을 사비(또는 소부리)로 옮기고 나라 이름을 남부여라 했다'는 기록에 근거함.

다. 두 나라 사이에 전선(戰線)이 형성되었을 텐데, 그곳이 어디인지 아직도 모르고 있다. 공산성의 규모나 유적으로 보아 왕궁이라 하기는 어렵다고 본다.

사비성 유적은 충청남도 부여에 있다. 사비성은 성왕의 천도(538년) 후 의자왕 20년(660년)까지 123년 동안 백제의 마지막 도읍지라 한다.

사비성의 대표적 유적지 부소산성(扶蘇山城) 안에는 군창지, 낙화암, 백화정, 사자루, 삼충사(三忠祠), 서복사지, 영일루, 고란사 등 여러 유적과 유물들이 산재해 있다. 삼충사는 백제 말의 3충신인 성충, 흥수, 계백의 위패를 봉안한 사당인데 백제 당시의 유적은 아니지만 그럴싸하다.

필자가 찾고 싶은 곳은 사비성의 왕궁터가 어디인지, 그곳이 궁금하다. 국사학계는 관북리 일대를 해방(1945) 전부터 왕궁터로 보고 있다. 왕궁터라고 보는 동쪽에 (현)부여여자고등학교가 있는데, 교정에 임금이 마셨다는 백제의 어정(御井)인 팔각정(八角井)이란 우물이 있다. 정말 그럴듯한 '전설'이다.

최근 조성된 백제 문화 단지 안에 조성된 '사비성 왕궁'을 보면, 건물들이 모두 주춧돌 위에 세워졌다. 그런데 이렇게 건축물마다 수많은 주춧돌이 그 당시에도 있었을 텐데, 왕궁 자리라는 관북리 일대에는 왜(?) 단 하나의 주춧돌도 발견되지 않는 것인가?

백제의 도읍지라고 국사학계가 정리한 풍납토성, 몽촌토성, 공산성, 사비성 모두의 왕궁터라고 하는 곳에서 하나같이 주춧돌이 발굴되지 않고

있다. 백제 왕들이 하나 같이 궁궐이 아닌 초옥에서 살았다는 말인가? 아니면 왕궁이 있었는데, 백제가 멸망하자 누군가 쫓아다니면서 주춧돌을 죄다 뽑아낸 것인가? 678년 동안 존속했던 왕국, 4곳 이상 도읍을 가졌던 왕국에 주춧돌 하나 없다면 말이 되나? 이도 저도 아니면 한반도에 백제의 궁궐이 있기는 했단 말인가?

백제는 한반도에 존재한 적이 없었다고 본다.
국사계는 한반도 백제가 참인지, 거짓인지 밝혀야 한다.

3. 사기(詐欺) 당한 역사를 사찰에서 만나다

필자가 젊은 날, 충청남도 공주에 있는 마곡사(麻谷寺)를 여행한 적이 있다. 그때 사찰 입구에 붙어있는 안내문을 보고 고개를 갸우뚱거렸던 기억이 난다.

'신라의 스님 자장(慈藏)율사가 640년에 창건했다' 하는데 백제 멸망 20년 전의 일이다. 창건 연대로 보면 당시 이곳이 백제 땅이 아닌가?

공주 마곡사는 공주 무령왕릉에서 직선거리로 15킬로미터 떨어진 곳에 있다. 640년이면 당시 백제의 도읍지는 충청남도 부여(사비성)이다. 이곳에서 35킬로미터 떨어져 있다. 분명히 백제 깊숙한 땅이다. 백제 무왕 41년의 일이다.

불교의 〈태화산마곡사사적입안(泰華山麻谷寺事蹟立案)〉에 따르면 '640년(신라 선덕여왕 9년)에 중국 당나라에서 돌아온 자장(慈藏)율사가 통도사, 월정사와 함께 창건한 절이다. 이 사찰은 여러 차례 화재로 훼손되었으나 고려 중기에 보조국사 지눌(知訥)에 의해 중건되었다'고 한다.

『삼국사기』〈신라본기〉 선덕여왕 5년(636년)에 자장(慈藏)율사가 당나라에 들어가서 불법을 구했다는 기록이 있다. 자장(慈藏)율사는 선덕여왕의 명으로 승실(僧實) 등 제자 10명과 당(唐)나라로 가서 계율(戒律)을 받았다고 한다.

'마곡사사적입안'에 의하면, 당나라에서 돌아온 자장(慈藏)율사가 양산

통도사(646년)와 오대산 월정사(643년)와 함께 창건(640년)했다는 것이다. 통도사와 월정사 건립은 이해할 수 있지만, 백제 땅에 마곡사를 건립할 수 있었을까에는 의문이다.

〈신라본기〉에 의하면, 선덕여왕 2년(633년)에 백제가 신라의 서쪽 변경을 침범하였고, 7년(638년)에 신라의 북쪽 변경에 있는 칠중성을 고구려가 침범했으며, 11년(642년)에 백제가 신라의 대야성을 함락시키자 도독 품석이 전사했다. 이렇게 신라와 백제는 당시 견원지간(犬猿之間)이었다.

사찰을 창건하려면 적어도 2-3년 이상 소요될 것이고, 막대한 재원이 투입되어야 한다. 또한 자장율사는 적국인 백제 땅을 수십 번 드나들었을 것이다. 선덕여왕의 왕명이니 사찰을 건립하는데 필요한 재원도 신라에서 공급했을 것이다.

『삼국유사』 진덕여왕 조를 보면, 화백회의에 참여한 알천공, 임종공, 술종공, 호림공, 염장공, 유신공의 기록이 있는데 그 중 호림공은 자장율사의 부친이다. 호림공의 가문은 그 전부터 명문가였을 터이니 자장은 정치권력가의 지원을 얻어 마곡사를 짓는 재원 조달이 수월했을 것이다.

그런데 자장이 사찰을 짓는 일이 결국은 적국의 땅에서 적국의 백성을 돕는 일이 된다. 과연 가능한 일인가?

자비를 앞세운 '불법의 도량(道場)이므로 가능하다' 할지 모르나 전쟁 중인데 적국에 막대한 재원을 바쳐 불사를 일으켰다는 것이 일반 상식으로는 이해할 수 없는 일이다.

마곡사와 같은 사례만 있는 것이 아니다.

고창 선운사(禪雲寺)의 창건 사적(事蹟)도 필자로서는 쉽게 이해할 수 없는 일이다.

선운사 관광객에 끼어 만나 보았다. 선운사는 꽃무릇이 유명하다. 꽃무릇은 매년 추석 무렵이면 만개하는데 계곡 전체에 자생하는 이 꽃이 공원 바닥에 불난 것처럼 빨갛게 피어난다. 꽃이 시든 후에 잎이 피어나고 잎이 시든 후에 꽃이 피기 때문에 '꽃과 잎이 서로 만나지 못한다'하여 상사화(相思花)라는 애틋한 이름이 붙여졌다고 한다.

관광객 틈에서 사찰의 연혁을 읽는 그 때도 우리 역사를 다시금 되돌아보게 되었다.

'선운사는 대한불교조계종 제24교구 본사(本寺)이다. 창건에 대해서는 신라의 진흥왕이 창건했다는 설과 백제의 고승 검단(檢旦, 黔丹)이 577년(27대 위덕왕 24)에 창건했다는 설이 있다.'

1707년(숙종 33) 기록, 「도솔산선운사창수승적기(兜率山禪雲寺創修勝蹟記)」는 전자의 설을 취하고 있는데, 대략 다음과 같은 창건설화를 기록하고 있다.

신라의 진흥왕은 왕위를 버리고 첫날밤에 좌변굴(左邊窟 : 진흥굴, 도솔암 밑에 있다.)에서 자다가 꿈속에서 미륵삼존불(彌勒三尊佛)이 바위를 가르고 나오는 것을 보고 감동하여 중애사(重愛寺)를 창건하였으니 이것이 이 절의 시초라고 하였다.

이 창건설화는 진흥왕이 만년에 왕위를 버리고 출가했다고 하는 사실에 따라 형성되었겠지만, 당시에 이 지역이 신라 땅에 속했을까 하는 문

제가 제기되고 있다.

또 검단의 창건설을 보면 백제 위덕왕 24년은 진흥왕이 왕위에서 물러난지 2년 뒤에 해당한다. 그런데 검단과 해구(海口)에 있는 검단리(檢旦里)와 관련된 설화가 있다. 즉, 옛날에 검단선사가 바닷가의 사람들에게 소금 만드는 법을 가르쳤기에 해안 사람들은 선운사에 소금을 시납하였다는 것이다.

두 가지 설은 모두 설화이기에 어느 것이 옳다고 단정할 수는 없지만, 가장 오래된 조선 후기의 사료에는 모두 진흥왕이 창건하고 그 뒤에 검단선사가 중건한 것으로 기록하고 있다.

진흥왕 창건설에 대해, 삼국통일을 이룩한 승자의 기록이라 여기는 사람들이 있다. 진흥왕은 백제와 적대 관계에 있었다. 당시 백제 위덕왕은 관산 전투에서 신라군에 사로잡혀 죽은 성왕의 아들이다. 그때 신라의 왕이 진흥(眞興)이다. 전라북도 고창이 당시 백제 땅이라면, 아무리 진흥이 은퇴하여 선한 일을 베푼다 해도 백제 관리들이 가만두지 않았을 것이다.

그런데 실제로 진흥왕 창건설이 맞을 수밖에 없다. 백제가 한반도에 존재하지 않았다면 가능한 일이다.

필자는 '한국사 미스터리1'에서 백제가 한반도에 존재하지 않았음을 밝혔다. 그뿐 아니라 앞에서 제기했듯이 한반도에서 백제 왕궁의 것으로 보이는 주춧돌이 하나도 발견되지 않고 있다.

아주 심각한 질문을 국사학계에 하겠다.

마곡사 창건자가 누구인가? 신라의 자장율사인가, 아니면 백제에서 창건했다면 무왕의 명을 받은 백제의 어떤 스님이 있는가? 선운사의 창건자로 보는 신라 진흥왕이 그 땅에서 가능한 이야긴가?

이 질문을 요약하면, 불교계의 사적(事蹟) 기록이 맞는가, 아니면 백제 땅이라고 표시한 국사학계의 역사 교과서가 맞는가 하는 선택의 문제이다. 불교계와 국사 학계, 어느 쪽이 분명히 거짓말을 하고 있다. 마곡사와 선운사 유래를 보면서 불교계와 역사학계 누군가가 나서서 해명해야 한다고 여기고 있다. 이는 참으로 한국사적인 비극이다.

4. 공주 송산리 무령왕릉과 부여 능산리 왕릉 비교

　한반도 서남부가 백제 땅이라고 배웠는데, 백제의 유적이라고는 찾을 수 없다. 예를 들어 백제가 멸망할 당시 삼천 궁녀가 떨어져 죽었다는 낙화암은 그럴듯하게 전설이 얽혀있는 곳이지 유적이 될 수 없다. 왜냐하면, 충남 부여는 백제의 사비성이 아니기 때문이다. 왕궁이 없었으니 왕도 없고, 궁녀도 있을 수 없는 일이다.
　한반도에 있는 유일한 백제의 유적은 공주시에 있는 송산리 6호분과 무령왕릉뿐이다. 6호분은 이미 도굴된 상황이다.
　그런데 무령왕릉 또한 백제가 한반도에 있지 않았다는 것을 분명히 말해주는 증거자료가 되고 있다.
　백제 왕릉으로 지목되는 부여 능산리 고분을 송산리 무령왕릉에 견주어 볼 때, 한없이 퇴보한 능산리 고분이 과연 백제 왕릉인가 하는 의심이 든다.

　공주 송산리 무령왕릉 천정은 아치형인데, 그 이후에 조성된 부여 지역의 능산리 고분은 평평한 횡혈식 석실이다. 무령왕릉의 아치형 천정 건축 기술에 비할 바가 못 된다. 부여 능산리 고분군은 무령왕릉보다 100여 년 후에 조성되어 기술이 더욱 발전되었어야 할 터인데, 오히려 기술이 더 후퇴하였다.
　무령왕릉은 아치형 터널식 벽돌무덤이기 때문에 건축 설계라는 고급 건축기술이 필요하다. 벽돌 한 장을 굽더라도 6면 모두 직각을 이루는 정각의 직육면체가 아니라 6면(六面) 중 두 측면은 사다리꼴이고, 상하를 이루어 마주 보는 두 면은 직사각형 크기가 다르며 나머지 두 면만 직사각형을 이루는 사다리꼴 육면체라서 벽돌 한 장, 한 장이 전체적으로 볼 때 쐐기 모양에 가까운 직육면체를 이뤄야 한다.

더구나 아치형 천정의 각도에 따라 미세하게 사다리꼴 두 면에서 윗변과 아랫변의 비율을 기하학적으로 조정하여 낱개의 벽돌을 만들고 구워내야 한다.

이러한 고차원의 건축 기술이 양나라에는 있었고, 그 이웃에 있었을 것이라고 추정되는 백제도 공유하고 있었다고 봐야 한다.

지금도 중국 월주 지역에 이와 같은 고분 유적이 남아 있다.

다음은 『한단고기』를 쓴 임승국 교수가 과거 문교공보위원회에서 있었던 국회청문회(1981.11.27.금)에서 증언한 속기록 내용이다.

"무령왕릉에 관한 말씀도 했습니다만, 중국 땅에 가서 보면 무령왕릉과 꼭 같은 양나라 묘제가 많이 있는데, 무령왕의 묘제는 이상하게도 양나라 묘제와 꼭 같습니다. 그렇다면 양나라하고 백제는 어떤 관계가 있었던 것이 틀림없지 않겠습니까? 그러나 과거와 같으면 의례 이렇게 생각(들)을 했어요. 즉 '묘제가 같으니 아마도 양나라 쪽에서 백제를 쳐들어왔을 것'이라 생각했을 거예요. 그러나 반대로 '백제가 양나라에 진출했을지도 모른다'고 생각지는 못했습니다."

임교수는 수준 높은 묘제 건축 기술을 양나라와 그 이웃의 백제가 공유하고 있었다고 보고 있다.

그런데 한반도의 웅진 백제 땅으로 보는 공주나 사비 백제(남부여) 땅으로 보는 부여에는 아치형 천정이 없다. 아치형 천정은 송산리 6호분과 무령왕릉뿐이다. 만약 한반도 백제의 순수한 기술이라면, 무령왕릉 이후에 조성된 부여 지역의 능산리 고분에서도 아치형 터널식 벽돌무덤이 발견됐어야 한다. 고급 기술이 무령왕릉 조성 이후 갑자기 사라진 것이다. 이를 어떻게 설명할 것인가?

아마도 무령왕릉을 조성한 장인 팀의 주축은 중국 땅에 있는 백제의 성왕 때, 그곳에서 파견된 기술팀이 아닌가 한다.

부여 능산리 고분은 천정이 평평한 횡혈식 석실이고 규모도 작다. 마한의 유적이 아닌가 한다.

또 있다. 무령왕릉에서 출토된 도자기인데, 청자육이호(靑磁六耳壺)[4] 2점과 흑갈유장경사이병(黑褐釉長頸四耳甁) 1점 등 3점인데, 남조의 것으로 보이는 중국 도자기이다. 학자들은 중국과의 활발한 교역의 결과라고 말한다. 그렇다면 당시 웅진성의 귀족들도 이와 유사한 청자를 사용했을 수도 있는데 현 공주 땅에서 깨진 파편 한 조각도 출토되지 않는 실정이다.

백제는 한반도에 없었다는 반증이다.

백제 무령왕(25대)은 중국의 월주 백제왕이지, 한반도의 웅진백제 왕이 아님이 분명하다.

---

4) 청자육이호 2점은 크기와 세부 문양이 약간 다를 뿐 모두 푸른 빛깔을 머금은 유약을 두껍게 바른 제조 기법으로 당시 남조의 도자기와 같은 것이다.

5. 김제 벽골제 해석에서 역사 왜곡을 본다

앞에서 우리는 왕궁의 주춧돌 하나 없는데도 백제의 도읍지라는 푯말을 보았다. 또 백제 땅에서 적대국 신라인이 세운 사찰을 직접 보았다.

백제 무령왕릉의 유물을 부여 능산리 유물과 비교해 보며 무령왕릉을 만든 솜씨가 한반도 백제 기술이 아님을 알 수 있었다.

하나 더 우리를 어리둥절하게 만드는 실증이 있다.

전라북도 김제시 포교리와 월승리 일대에 '벽골제(碧骨堤)'라는 저수지가 있다. 우리 나라에서 가장 오래되고 규모가 큰 저수지로 알려져 있다. 쌀이 주식인 민족으로서 일찍부터 벼농사를 위해 수리 시설을 갖춘 조상의 슬기를 이 유적을 통해서도 엿볼 수 있다.

『삼국사기』〈신라본기〉흘해이사금 조에 보면, '21년(330년) 처음으로 벽골지(碧骨池)를 팠는데 언덕의 길이가 1천8백 보였다(二十一年 始開碧骨池 岸長一千八百步)'는 기록이 있다. 이보다 앞서, 흘해이사금 5년(314년)에 가뭄으로 궁궐 중수를 중지한 일, 8년(317년) 봄과 여름에 가뭄이 있었다는 기록, 9년(318년)에 가뭄에 따른 농사 대책을 세웠던 것으로 보아 벽골지 건설을 앞두고 오래전부터 계획한 것 같다.

이 기록으로 보면, 신라가 가뭄을 대비한 농사 대책으로 건설한 것 같은데 그렇지 않다고 보는 사람들도 꽤 있다.

다음은 '다음 백과사전'에 있는 벽골제에 대한 설명을 발췌한 것이다.

【A형 해석】

> 『삼국사기』〈신라본기〉흘해이사금 21년조에 '처음으로 벽골지를 열었는데 그 둘레가 1,800보(步)이다'라고 하여 330년에 신라에서 만든 것으로 기록하고 있다. 1950년대에 벽골제를 발굴·조사한 결과 그 시축 연대가 1600(오차 100)BP, 즉 AD300년경으로 밝혀졌다. 이것을 보면 축조연대는 신빙성이 있으나 당시 신라의 영역과 백제의 고이왕 이후 영역확장 기록을 통해 볼 때, 백제 11대 비류왕 27년(330년)의 사실을 사가의 착오로 신라 측 기사로 잘못 기록한 것으로 보인다. 그러므로 백제에 의해서 축조되었다고 보는 것이 마땅하다.

벽골제 현장에서 발굴 조사한 축조 연대와 사료의 기록 연대를 비교하여 오차를 밝혀냈다면서 정확성을 강조하고 있다. 그리고 사료를 소개하는 동시에 그 사료를 부정하고 있다. 오차 측정과 사료 부정이 정확한 것인지 의문이다. 백제의 땅이므로 비류왕 때 축조된 것이라 한다. 그런데 〈백제본기〉에는 벽골지를 축조했다는 기록이 어디에도 없다.

【B형 해석】

> 역사를 알려주는 저수지
> *전라북도 김제 지역에 펼쳐진 김제 평야는 우리나라에서 손꼽히는 곡창 지대에요. 동진강과 만경강이 흐르고 토양이 좋아 벼가 잘 자라지요. 김제에는 벼농사의 역사를 알려 주는 벽골제가 있어요.
> *벽골제는 저수지의 물이 넘치지 않도록 쌓은 제방이에요. 330년, 백제가 이곳을 다스리던 시기에 만들어졌어요. 3킬로미터가 넘는 제방에 모두 5개의 수문을 내어 물을 조절했지요. 제방 안의 저수지는 무척 넓었는데 무려 여의도의 4배 크기나 되었답니다.

사료는 거론도 하지 않고 백제가 만들었다고 한다. '역사를 알려주는 저수지'라고 강조하면서 '사료' 소개가 없다. 김제에 있다는 실증, 벼농사를 위한 '벽골제'가 말해주고 있다는 것으로 백제의 유적임을 암시하고 있다.

【C형 해석】

> 벽골제에 대한 연혁을 살펴보면, 『삼국사기』와 『삼국유사』에는 330년(신라, 흘해왕 21)에 공사를 시작해 790년(신라, 원성왕 6)에 증축했다고 했고, 『동국여지승람』과 『세종실록지리지』에는 고려 현종 및 인종 때와 조선 1415년(태종 15)에 개축했다고 했다.
> 김제시 부량면 포교리를 기점으로 하여 남쪽으로 월승리에 이르는 평지에 남북으로 일직선을 이루고 약 3킬로미터에 달하는 제방이 현재 남아 있다. 부수 시설로는 제방의 남단 수문지였던 경장거(經藏渠)와 북단 수문지였던 장생거(長生渠), 그리고 중앙 수문지였던 거대한 석주(石柱)들이 우뚝 서 있다.

C형은 역사적 사료를 근거로 안내하고 있다.

이러한 혼란이 왜 생기는 것일까?

벽골제가 있는 김제시와 미륵사지가 있는 익산시는 불과 20여 킬로미터 정도 가까이 있다. 사람들은 익산 미륵사지에 대해, 미륵사(彌勒寺)는 백제 무왕 때 왕비인 사택왕후의 발원으로 지어진 사찰로 알고 있다. 이러한 관점에서 벽골제 역시 백제왕의 작품으로 본 것이다.

그런데 앞에서 살펴본 것처럼 백제의 왕궁은 주춧돌 하나 없이 한반도에는 존재하지 않았다. 그렇기 때문에 마곡사나 선운사가 신라인에 의해 창건될 수 있었다. 김제 땅에 존재하지도 않은 백제가 벽골제를 축조했다는 생각은 근본부터 바꿔야 할 것 같다.

6. 가야국의 철 생산지 전북 완주군의 재발견

김제 벽골제 건설로 보아 전라북도 땅으로 진출한 나라는 신라(新羅)만 있는 줄 알았는데 최근 고고학의 발굴로 가야(伽倻)도 있었다.

가야 문화는 주로 경상도 지역에 한정된 것으로 알려졌으나, 최근(2018년) 전북 지역에서 가야 시대 제철 유적과 유물이 발견되어 역사의 판도가 달라졌다.

완주군의 설명에 의하면, 가야 유적으로 봉수(烽燧) 10, 산성(山城) 9, 제철 유적 35곳 등 총 54개소를 확인했으며, 그중 현재(2020.10.17.)까지 43개소에 대한 조사를 추진했다고 한다.

또 군(郡)은 이번 조사를 통해 제철 유적 내 슬래그(철을 만들 때 생기는 찌꺼기)와 노벽편(금속제련용 가마 잔해) 등 유물 276점을 확보했으며 기존에 알려지지 않은 제철 유적 2개소를 추가로 발견했다고 한다. (출처: 시사저널)

유적 중 운주면 금당리 탄현 봉수는 군산대학교 가야문화연구소(곽장근 교수)팀이 발굴 조사한 결과 가야의 봉수로가 확인됐으며 잔존 상태도 매우 양호했다고 한다. 곽교수는 "백제나 고려 시대 완주에 봉수가 있었다는 기록은 없다"며 "모두 가야와 연관이 있는 것으로 보고 있다"고 말했다. 철(鐵)을 제조한 유적은 (완주군) 고산면과 경천면, 동상면, 비봉면, 운주면, 화산면 등에 분포되어 있었다. 특히 동상면(1개)과 운주면(10개)에 집중됐다고 한다. 완주에서의 가야사를 밝히기 위해서는 산성에 대한 발굴 조사도 다양하게 이뤄져야 할 것으로 보인다고 했다.(출처: 복지TV 부산 방송, 1,500여 년 동안 감춰져 왔던 전북 완주군 가야)

발굴 조사팀은 1,500여 년 전의 유적으로 보았다. 또한 산성(山城)을 두고 백제와 가야의 국경으로 생각하고 있다.

이렇게 되면 백제와 신라와 가야의 함수관계가 복잡해진다.

지도를 펼쳐놓고 보면, 익산 동편에 완주가 있고, 익산 서남편에 김제가 나란히 있다.

익산 미륵사(彌勒寺)는 백제 무왕 때 왕비인 사택왕후의 발원으로 지어진 사찰이라며 백제의 왕궁설까지 거론되는 곳이다.

익산 서남편 김제에는 앞에서 살폈듯이 신라가 축조했다는 벽골지(碧骨池)가 있다.

남아있는 유적으로 볼 때, 가야의 완주와 백제의 익산과 신라의 김제가 동서로 나란히 붙어있는 셈이다.

서쪽에서부터 황해와 인접한 호남평야 - 김제(신라) - 익산(백제) - 완주(가야) - 동쪽에는 노령산맥, 이런 배치와 정황이 과연 현실적으로 가능한 일인가?

필자가 여기까지 백제의 유적을 찾아 나선 이유는 한반도에는 백제가 존재하지 않았다고 보았기 때문이다.

이렇게 난해한 방정식을 풀기 위해, 익산 미륵사지에서 백제를 빼내야 한다. 그리되면 신라와 가야만 남는다.

신라가 벽골지를 축조한 것을 보면, 호남평야의 벼농사에 관여한 것이

고 전북의 넓은 지역을 강역으로 관장한 것으로 보인다.

　이에 비해 가야는 철 생산과 교역에 중점을 둔 기록으로 보아 '노천 철광'을 찾아 나섰고, 그곳에 가마를 설치하여 생산된 철을 옮기는 동선(動線) 즉 장삿길에 산성과 봉수를 둔 것 같다. 가야는 이곳을 강역이 아니라 영역으로 삼은 것 같다.

　이렇게 보면 신라와 가야의 충돌은 자주, 전면적으로 일어나지 않을 수 있다. 그렇다고 충돌이 전혀 없는 것은 아니고 사서의 기록처럼 나중에는 신라가 가야를 정복하게 된다.

7. 이성산성 발굴과 국사계의 갈등

이 글 서두를 '주춧돌 없는 왕궁터가 어디 있나?'로 시작했다.

풍납토성과 함께 한성백제의 왕성으로 떠올랐던 몽촌토성은 발굴자들이 스스로 백제 왕성이 아니라고 하며, 그동안의 주장을 거둬들이고 있다. 풍납토성도 왕궁터가 보이지 않고 왕성의 규모가 작으며, 홍수 취약지구라는 데서 '백제 왕성이 맞나?' 하는 의문이 계속 제기되고 있었다.

이런 상황에서 백제의 도읍으로 오래전부터 거론되던 이성산성이 다시 부각 되었다. 이성산성은 토성이 아니고 석성이며, 건물지에 주춧돌이 남아 있다.

한양대박물관이 1986년부터 2020년까지 14차에 걸쳐 이성산성을 발굴했으며 국사학계에서는 비상한 관심을 가지고 이를 지켜보았다.

이성산성은 경기도 하남시 춘궁동, 덕풍동, 초이동, 광암동 등에 둘러싸인 포곡식(包谷式)5) 산성이다. 지도상으로는 하남시의 한가운데(E127°11′ N37°32′)에 있다.

또 이성산성(二聖山城)이란 명칭이 언제부터인지 모르지만, 안내판에서 보듯 이성(二聖)은 백제의 시조 온조(溫祚)와 그의 형 비류(沸流)라 할 만큼 백제의 성(城)으로 보고 있다.

하남시 춘궁동은 광주(廣州)의 고읍이며 예부터 한성백제의 왕도로 추

---

5) 산봉우리를 중심으로 주변 계곡 일대를 돌아가며 벽을 쌓는 방식.

정됐다. 조선 후기 실학자 정약용을 포함해 여러 학자 그 누구도 '춘궁동(春宮洞)설'에 이의를 달지 않았다.

현재 정설처럼 굳어진 풍납토성 왕도설은 최근(2000년) 들어 나타난 경향일 뿐, 일제 강점기까지만 해도 대부분 학자가 하남시 춘궁동을 한성백제의 왕도로 여겼다.

이성산성에 대한 국사계의 갈등은 이성산성 발굴 8차 보고서에서 불거졌다.

2000년 5월 22일부터 7월 31일까지 83일 동안 실시된 한양대박물관의 8차 발굴조사에서는 대량의 토기가 발굴됐다.

발굴 기간 현장에서 열린 발굴지도위원회 회의장에서 발굴 책임자인 한양대 배기동(한양대박물관장·박물관협회장) 교수가 지도위원들에게 미리 배포한 중간보고서를 읽는 순간 지도위원 가운데 한 명이 벌떡 일어서더니 보고서를 집어 던지며 소리 질렀다.

"무슨 이런 엉터리 같은 일이 있어!"

S대 고고인류학과 최(모) 교수였다.

당시 이 사건은 몇몇 신문에 짤막하게 보도됐다.[6]

이런 트러블이 있은 지 몇 달 후 8차 발굴보고서가 나왔다. 그 보고서에는 '백제 토기'가 없고 신라 토기만 있었다.

최교수가 화를 낸 이유는 발굴 현장에서 들리는 소리가 '대량의 신라 토기와 함께 적지 않은 백제 토기도 발굴됐다는 소문', '이성산성과 가까

---

[6] 출처: 이항복 월간중앙 기자: 「5. 하남 이성산성의 비밀 – 백제 지배한 시절의 성터 신라 토기만 나왔다?」〈월간중앙〉, 2009년 9월호 참고.

운 하남시 광암동 야산 기슭에서 발견된 3-4세기경의 백제 횡혈식 석실분에서 이미 도굴된 상태였지만 저부(밑바닥)에서 백제 단경호 2점이 거의 완벽한 상태로 발굴된 사례7)', '이성산성의 초축성벽(初築城壁·맨 처음 쌓은 성벽)을 보고 백제성이 분명하다고 말한 강찬석(건축가) 전 문화재청 전문위원의 의견' 등을 종합할 때 납득할 수 없었기 때문으로 본다.

여기서 잠깐 필자의 의견을 덧붙이고자 한다.

'백제 횡혈식 석실분'이니 '백제성'이니 하는 유적과 '백제 단경호'니 하는 유물이 과연 백제의 유적과 유물이 맞는지 학계에 묻고 싶다. 다시 말해 이 유물들이 '백제의 지표유물'에 비추어 합당한 것인지, 그리고 그 기준이 되는 '백제의 지표유물'이란 개념 자체가 합당한 것인지 고고학계에 묻고 있다. 만약에 이곳이 백제 땅이 아니라면, 백제가 한반도에 존재하지 않았다고 해도 '백제의 지표유물'이란 개념이 성립될 수 있는지 생각해 볼 일이다.

한양대박물관은 9차에 걸친 고고학적 발굴조사 결과를 바탕으로 이성산성이 신라에 의해 초축(初築)된 산성이라고 단언하고 있다.

"이성산성이 백제에 의해 초축됐다면 이성산성을 공략한 고구려에 의해 약 80여 년 동안 장악되었을 것인데, 이성산성에서는 고구려의 유물이 전혀 출토되지 않았다"며 "정황증거로 볼 때 이성산성은 (고구려가 백제 공략 이후) 진흥왕 14년(553년)을 전후한 시점에 축조되기 시작했다고 판단한다"는 입장을 밝혔다.

---

7) '목이 짧고 입술이 밖으로 벌어진 백제 토기의 일반적 양식'을 기준으로 삼고 있는데, 필자가 보기에는 그 기준 자체가 무엇을 기준으로 삼았는지 백제의 지표유물이 합당한지 의심이 간다.

부연하면, 진흥왕 때 축조되었기 때문에 백제나 고구려의 유물이 나올 수 없다는 것이다.

8차 발굴 때 저수지에서 나온 목간에 '욕살(褥薩)이라는 고구려 지방 관직명'이 등장한다 해도 신라의 유물로 분류한다는 것이다. 이성산성을 발굴한 한양대박물관 측은 백제성(百濟城)의 가능성을 밝혀주는 증거가 굉장히 미약해 백제를 말하기 어렵다고 했다. 현재 남아있는 구조물의 주인은 통일신라 시대 사람들이며, 축성 연대는 진흥왕 때 한산주 설치 시기(557년)와 통일 이후(7세기 중반)로 보고 있다.

이렇게 되면 558년 신라가 한강 유역을 차지하고 세운 신주 한산주의 치소(治所)로 이곳, 이성산성을 추정할 수 있다.

이성산성 발굴 결과를 두고 이를 수용하기 어렵다는 주장이 쉽게 포기되지 않은 상황에서 학자 간에 대립의 골은 더욱 깊어졌다.

이성산성 발굴보고서를 찬성하는 사람들 쪽에서 보면, 백제 도읍지를 찾는 일은 더 불투명해지고 묘연해진다. 또 상대방에 대한 설득력이 부족하다는 느낌도 든다.

보고서를 반대하는 사람들을 보면 백제의 카테고리(category)에 갇혀 있다는 비판을 면할 수 없다고 본다. 백제의 땅이라고 설정된 범위 안에서 출토되는 토기를 백제 토기로 보는 것처럼 말이다.

8. 이성산성은 신라가 초축한 성이 아니다

이성산성 발굴보고서가 발표된 후에 필자가 이성산성과 관련된 연구물8)을 발표한(2014년) 일이 있다. 그때는 '사라진 우리 언어 검단(黔丹)'이라는 내용으로 문학 잡지에 발표했었다.

이성산성에서 동쪽으로 직선거리 5킬로미터에 검단산(黔丹山)이 있다. 이 검단산을 중심으로 검단(黔丹)이라는 한자를 쓰는 지명이 10여 곳이 산재해 있다.

하남시의 검단산(黔丹山, 657m)이 있고, 그 인근 남한산성이라는 청량산(淸凉山)의 남쪽에도 검단산(黔丹山, 535m, 성남시 은행동)이 있다. 경기도 김포시에 검단면(黔丹面)이 있고, 인천시 서구에도 검단면(黔丹面)이 있다. 대동여지도(김정호)에 양주 검단산(黔丹山, 현 남양주시 철마산)과 충주 달천진(達川津) 인근에 검단(黔丹) 마을(현 달천역 부근, 이유면利柳面)이 있다. 동여도지(東輿圖志, 김정호)에 보면 해주 근방 달마산 아래 검단(黔丹) 마을과 검단천(黔丹川)이 있다. 또 다른 고지도9)에 교하 검단산(黔丹山, 현 교하읍 탄현면 성동리)이 있다.

---

8) 오운홍, 검단(黔丹)은 선사시대 한자용어의 군사방위 개념이다. 『해동문학』, 2014 여름. 통권 86호

9) 국립중앙도서관, 『고지도를 통해 본 경기지명연구』, 국립중앙도서관 고문연구총서②, 2011. p.28.

양주 검단산(黔丹山, 현 철마산) 북편에 검단마을(팔야1리)과 웃검단이(검단마을 윗마을, 팔야4리)마을이 있고, 그 인근에 검단천(黔丹川)이 흐르며, 금단이들(검단이 들판)도 있다. 검단마을 북쪽에 진접 검단이고개(능고개)가 있다. 웃검단이 동쪽에 수동 검단이고개가 있으며, 이 고개를 넘어가면 수동면 검단골이 있다.

또 하나의 '검단마을'은 남한강과 북한강이 만나는 남한강변 검천(檢川) 3리(경기도 광주시 남종면)에도 있다. 이렇게 수많은 '검단'이란 명칭이 서울 주변에 흩어져 있다는 것은 예사로운 일이 아니다. 필시 무슨 사연이 있거나 의도나 목적이 있었던 것으로 보인다.

검단(黔丹)이란 글자를 분석해 보면, 검(黔)이란 글자는 검은 흑(黑)과 이제 금(今)자의 합성어이다. 검을 흑(黑)자는 마을이 불타는 모습을 연상하게 한다. 이 글자에 이제 금(今)을 붙이면, 지금 당장 보이는 연기를 뜻한다. 검(黔)이란 글자가 '검다'라는 뜻도 있고 '연기'라는 의미도 있다. 『한서漢書』를 편찬한 반고(班固)의 '답빈희(答賓戲)'에 '공석불난(孔席不暖)'이란 말이 있다. '공자의 자리는 따뜻할 틈이 없다'는 뜻으로, '묵자의 집 굴뚝은 그을릴 틈이 없다'는 뜻의 '묵돌불검(墨突不黔)'과 함께 쓰인다. 난세를 바로잡기 위해 바쁘게 다니는 군자란 뜻이다.[10]

검단의 단(丹)은 불똥(불씨) 변에 3획을 더하여 붉다는 뜻을 가지고 있다. 3획은 나뭇가지를 얹어놓은 모습이니 불씨로 불을 지펴 빨갛게 불꽃이 피어남을 표시한다. 다시 말해 검단은 낮에는 연기로, 밤에는 불꽃으로 위급을 알리는 중국의 봉수제도와 같은 것이다. 검단(黔丹)은 봉수(烽

---

10) 출처: 이덕일, 〈중앙일보〉, '이덕일의 고금통의(古今通義) 난세(1)' 2012.02.13

燧)의 군사방위 개념으로 봐야 할 것 같다.

하남시 검단산은 10여 곳이 넘는 검단이라는 지명의 중심부에 있으며, 이성산성에서 보면 하남 검단산이 한양의 목멱산(남산)에 해당한다. 다시 말하면 검단이라는 군사방위 체제는 이성산성(검단) '왕국'을 보위하는 제도라 할 수 있다.

검단이란 명칭은 우리 역사나 언어에 남아있지 않고 지명으로만 남아있는 단어이다.

검단이라는 한자와는 조금 다르지만 동음(同音)으로 검단산성(檢丹山城, 전라남도 순천 해룡면 피봉산)과 검단리(檢丹里, 울산광역시 울주군)가 있는데 두 곳 모두 서울 근교의 검단과 같이 적의 동태를 파악하고 봉수로 신호를 보내기 적합한 장소이다.

순천 검단산성과 울주 검단리의 검단(檢丹)은 고대 동북아문화의 등고선, 즉 서북고동남저(西北高東南低)로 볼 때 서울 근처에서 그쪽으로 전파되었다고 보아 검단(黔丹)과 같은 개념으로 본다.

울주군 검단리 유적이 방사성탄소연대 측정결과 발굴번호 22호 유적 2830±100 B.P.(보정연대 BC880), 59호 유적 2880±70 B.P.(보정연대 BC930), 101호 유적 2660±100 B.P.(보정연대 BC710)이다.11)

울주 검단리 유적의 보정연대(BC930)로 보아 같은 방어개념으로 축성된 하남시 이성산성의 연대도 BC930 이전이라 할 수 있다. 이성산성의 초축연대를 이 시점 혹은 그 이전으로 봐야 할 것 같다.

---

11) 한국민족문화대백과, 『울산 검단리 마을유적』(부산대학교박물관, 1995)

이성산성을 중심으로 반경 10킬로미터 범위 안에 있는 지금의 하남시, 서울의 강동구, 송파구 일대는 옛날 홍수 피해지역이다. 이 지역 안에 송파구 풍납토성과 강동구 암사동 선사유적지가 있다. 암사동 유적지 발굴 결과[12] 신석기 문화층 유물이 발굴된 바 있다. 이성산성은 지형적으로 홍수피해가 없는 지역으로 도읍으로 적당한 지세라고 여겨진다.

한양대박물관 발굴보고서를 보며 고고학이 인접 학문 분야의 한계를 뛰어넘지 못하고 있음을 안타깝게 생각한다. 그리고 발굴보고서도 미흡한 것이 사실이다.

첫째, 성내(城內) 이성산 정상(209.8m)에서 동편 기슭, 동문 가까이 구각정(九角亭) 터를 나타내는 아홉 개의 주춧돌이 남아있다. 그 서편 가까이에 팔각정(八角亭) 터도 주춧돌로 남아있다. 이에 대한 언급이 없다.

팔각정의 8이란 숫자는 4방에서 다시 8방으로 나누어 나가는 길과 땅을 다스리는 지신(地神)에게 제사 지내는 사직단(社稷壇)으로 본다. 그런데 구각정은 우리나라 고적(古蹟)으로는 익숙하지 않을뿐더러 별로 없는 사례다. 9라는 숫자는 삼발이(三角)의 삼각(三角, 3×3) 기둥으로 안정과 완전무결함을 뜻해 구천(九天[13], 하늘)을 떠받는다는 의미를 두고 있다. 그래서 구각정은 하늘에 제사 지내는 천단(天壇)으로 볼 수 있다.

구각정 터는 팔각정 터와 달리 중심부에 4개의 주춧돌이 모여있어 중

---

12) (재)한백문화재연구원, 「하남 덕풍동·풍산동 유적, 하남 미사지구 문화재 발굴조사(B구역) 보고서」(한백문화재연구원 학술조사총서 제54책), 2016.

13) 구천(九天)은 하늘을 남북방향으로 3등분, 동서방향으로 3등분하여 9개의 하늘로 나누고, 중앙은 균천(鈞天), 동쪽은 창천(蒼天), 북동쪽은 변천(變天), 북쪽은 현천(玄天), 북서쪽은 유천(幽天), 서쪽은 호천(昊天), 남서쪽은 주천(朱天), 남쪽은 염천(炎天), 남동쪽은 양천(陽天)이라 한다.

심계단이 있는 2층 구조의 건물로 추정된다. 구각정 터 옆에 장방형 전각터가 잇대어 있다.

이 전각은 천신에게 제사 지낼 때, 제사 음식을 만드는 공방과 제관이나 참여자가 음복하는 넓은 대청마루와 제사가 끝난 후 제기를 놓아두는 창고가 복합된 건물로 보인다. 이 전각 터가 팔각정 터와는 멀리 떨어져 있고, 구각정에 잇대어 있다는 점, 팔각정은 단층 건물인데 구각정은 2층 구조의 높은 건물이라는 점을 감안할 때 왕이 천신에게 제사 지내는 데에 중점을 두었다고 본다.

앞서 잠시 살폈듯이 이성산성을 중심으로 반경 10킬로미터 범위 안에 있는 지금의 하남시, 서울의 강동구, 송파구 일대는 옛날 홍수 피해지역이다. 기상 재해를 천신의 몫으로 보았을 것이다.

구각정을 세우고 천신에게 제사 지내는 문화는 신라와는 전혀 다르다. 그런데 이성산성 발굴 결과를 신라의 한산주 설치로 단순하게 해석했다.

또 하나 놓친 것이 있다. 구각정이나 팔각정을 건축할 수 있는 주체는 국왕이지 신하인 장수나 지방 관료가 할 일이 아니다. 진흥왕 때 한산주 지정에 앞서 군사적으로 진출한 장수가 성을 쌓으면서 한 일로 본다는 것은 상식에 맞지 않다.

이런 점에서 한양대박물관의 발굴작업과 발굴 결과에 대한 해석과 보고서 제작은 엉뚱한 방향에서 이뤄진 것이다. 발굴 예산만큼 성과를 거두지 못했다고 본다.

재발굴을 하거나, 보고서 작업을 다시 했으면 하는 바람이다.

둘째, 구각정과 팔각정, 그리고 전각 터에 남아있는 주춧돌이 모두 할

석(割石: 깬 돌)이다. 쇠붙이 연장으로 다듬은 흔적이 전혀 없이 산이나 들에 있는 자연 그대로 쪼개진 막초석이다. 막초석을 주춧돌로 사용했다는 점이 신라 진흥왕 때 초축 되었다는 주장을 의심의 눈으로 보게 한다.

당시 창녕이나 북한산에 설치했다는 '진흥왕 순수비'를 보면, 비석을 각이 지게 다듬었고 글자를 새겨 넣을 정도로 '철 연장' 기술이 있던 시기인데, 이성산성을 쌓고, 주춧돌을 놓을 때 쇠붙이를 쓰지 않았다는 것은 이해할 수 없는 일이다.

이성산성 성벽이 모두 할석인 것은 아니다. 쇠붙이로 다듬은 '옥수수알 모양의 성돌'로 보축한 것이 여러 곳에 있다. 이때가 진흥왕이 한산주를 설치하고 치소로 삼은 때가 아닌가 한다.

그런데 할석으로 성을 쌓고, 막초석으로 주춧돌을 놓은 걸 보면 철기 문명 이전에 초축된 것이 아닌가 한다. 신라가 축성한 성은 아닌 것이 분명하다.

셋째, 목간이 발견된 저수지 조성에 대해 살펴보자. 저수지가 인공적인지, 자연적 연못에다 석축을 쌓아 다듬은 것인지 구분했어야 한다.

성내 1차 저수지에서 출토된 목간에는 '무진년' 간지와 함께 신라 관직명인 '도사'가 적혀 있다. 학자들은 무진년을 AD608년으로 보고 있다. 진평왕(26대) 30년에 해당한다. 진평왕은 진흥왕(24대)의 장손이다. 한산주를 설치한 이후의 일이라고 본다.

성내 저수지가 세 곳 있는데, 발굴된 저수지의 규모는 1차 저수지 54m×30m(약 500평), 2차 저수지 26.6m×16.4m(약 130평), C지구 저수지 20.7m×15.6m(약 97평)이다. 위치적으로 볼 때 c지구 저수지는 이성산 정상에서 가까운 곳으로서 물이 흐르는 샘 주변에 조성된 것이고 규모가 작으며, 1, 2차의 저수지는 이성산성 내부 계곡 제일 낮은 곳이며 성벽에 붙여서 축조한 것으로 물 저수량이 제일 많은 위치이다.

C지구 저수지의 샘물은 지하수가 아닌 건수에 해당한다. 낮은 곳에 위치한 1, 2차의 저수지는 샘물이 없는 그야말로 빗물을 담아두는 천수조(天水槽)라고 볼 수 있다.

천수조라 확답할 수 있는 이유는 이성산(二聖山)이 있는 지역의 지층구조가 북동쪽으로 기울어져 있어 수맥이나 지하수가 북동쪽으로 흐르는데, 이성산성은 이성산의 남쪽 비탈에 있으므로 샘물이 귀할 수밖에 없다. 여기저기 샘물이 나와야 연못이 자연스레 생기는 것이다.

성을 쌓으면서 저수지를 특별히 만든 데는 그럴만한 이유가 있었다.

저수지는 연못과 달리 유사시에 먹을 물과 전투에 사용할 수 있도록 저장한 물이라고 본다.

이성산성이 신라 한산주의 치소거나 진군하는 전투병을 위한 것이라면 상당량의 저수조를 마련할 필요가 없다고 본다. 위급하면 경주 쪽으로 후퇴하거나 퇴각하면 될 일이다. 그러나 이곳은 고대 왕성이기 때문에 최악의 경우 옥쇄하기 전까지 버틸 식수가 필요한 것이다.

따라서 신라가 축성한 성이라고 할 수 없다.

넷째, 이성산성 북문 밖에 '상화울(桑花鬱)'[14]이라는 마을이 있다. 지금은 마을 이름으로 남아 있지만, 당시는 지명이었을 것이다. 우리나라 지

---

14) 지금의 하남시 초이동이다. 현재는 마을 일대에 주택과 공장과 물류창고가 들어차서 뽕나무 밭을 찾을 수 없으나 이 일대의 지층구조가 북동 방향으로 기울어져 있어 샘물이 많고 습한 것은 사실이다. 그 옛날에 뽕나무가 울창했을 것이다.

명 대부분이 2음절로서 우리 귀에 익숙한데, '상화울'은 제주도에 있는 '곶자왈'이나 '섭지코지'처럼 낯설고 어색한 느낌이 든다.

그리고 이성산성 '왕국'과 관련이 있다고 보는 이유 중의 또 하나는 '상화울' 이름 그대로 궁중 여인들이 뽕을 따고 꽃구경했을 것으로 짐작이 간다는 점이다. 궁중 여인이 뽕을 따고 누에를 친다는 것은 명주나 비단 등 호사스런 의복을 만들었을 텐데, 왕과 귀족에게 필요한 옷감이지, 신라의 장수나 관리에게 상당량이 필요한 것은 아니다. 이성산성을 왕성으로 보는 이유 중의 하나이다.

뽕나무는 습한 땅이라야 잘 자란다. 이성산성 북문(北門) 밖에 뽕나무밭이 있다는 것은 이성산의 지하수가 북쪽으로 흐른다는 것이고, 앞서 이성산성 안의 저수지가 천수조라는 주장을 더욱 선명하게 해 준다.

필자가 이성산성 발굴보고서에 관심을 두는 까닭은 아직도 백제가 쌓은 성으로 보는 사람이 있기 때문이다.

온라인 '나무위키 위례성'에 의하면, '2020년 1월 하남 이성산성의 초축(初築)은 백제 시대라는 주장이 다시 제기되었다. 성곽 고고학 전문가이면서 문화재위원회 매장문화재분과위원장을 역임했던 심정보 교수(한밭대학교 명예교수)에 따르면 이성산성은 한성백제 시기에 축성한 것으로 알려진 양천 고성, 설봉산성, 설성산성 등의 산성들과 유사점을 보이고 있다. 앞서 2017년 한양대학교 박물관에서 진행한 이성산성 서문지에 대한 발굴 결과를 분석한 결과 이성산성 서문지 개구부 1차 문지와 2차 성벽의 평면 형태가 고구려의 환도산성과 비슷한 구조를 보이고 있으며, 또한 남문 저수지에서 한성백제 시기 토기편이 출토되고 그 상부에서 고구려

유물과 신라(통일신라 포함) 토기들이 출토되고 있음을 들어, 하남 이성산성은 백제가 초축한 백제 산성이자 근초고왕이 일시 천도했던 한성이며 고구려 광개토대왕·장수왕 부자가 남침해 점령한 뒤에 고구려식으로 2차 성벽을 개축해 사용했을 가능성이 있으며, 최종적으로 552년에 신라의 진흥왕에게 점령돼 신라식으로 개축했다.'는 것이다.

국내 사학계는 아직도 이성산성에 대해 고구려, 백제, 신라 3국 중 어느 나라가 초축했는지 갑론을박하고 있다.

고구려가 여기까지 와서 성을 쌓을 이유는 하나도 없다.

신라가 진흥왕 때 한강 유역으로 진출한 것은 진흥왕 순수비가 말해주고 있다. 이때 이성산성을 초축할 개연성은 있다. 그런데 초축 성벽이 할석이고, 구각정과 팔각정, 그 외 전각의 주춧돌 모두 다듬지 못한 막초석을 그대로 사용했다는 점에서 철기 문명 이전의 건축물로 보이며, 이때는 신라 건국 이전의 일이므로 신라의 성으로 볼 수 없다.

이성산성은 3국이 건국되기 전, 앞서 울주 검단리 유적과 비교하여 BC 10세기 경에 초축된 것이라 보인다. 따라서 신라가 조성한 성은 분명히 아니라고 할 수 있다.

만약 국사학계의 시각처럼 백제가 한강 유역에 자리 잡고 있었다면, 백제가 축성하지는 않았어도 BC18년부터 개로왕 21년(AD475)까지 493년 동안 사용했을 가능성은 높은 것이다. 그런데 백제의 유물이 하나도 없다는 것은 발굴 결과이고 사실이다.

필자는 한양대박물관이 백제 유물을 빼돌렸다고 생각하지 않는다. 다만 보고서 작성에 앞서 발굴 유적과 유물을 해석함에 있어 제대로 판단

하지 못한 것으로 본다.

　백제 땅에서 백제 유물이 왜 나오지 않은 것일까?

　백제 유물이 나오지 않은 것은 그 지역에 백제가 존재하지 않았기 때문이다.

　이성산성의 논란은 백제가 한반도에 존재하지 않았다는 반증을 확고히 하는 사례가 될 것이다.

9. 백제가 한반도에 있었다는 증거는 없다

조선총독부가 일부러 써준 소설 같은 『조선사』와 이를 베낀 『한국사』는 증거가 될 수 없다.

그런데 문헌사(文獻史)로서 『삼국유사』가 한반도에 백제가 있다고 하였다. 삼국유사 제2권, 제2 기이편(紀異篇·상)에 '백제의 흥망성쇠'가 있다. 그런데 이 부분이 문제가 된다.

중 일연은 우리 역사에 공헌한 부분도 있지만 그에 못지 않게 해악을 끼친 부분도 크다.

첫째, 단군조선과 환웅 배달국을 제대로 구분하지 못하고, 단군 역사를 신화로 전락시켰다. 기회가 되면 '단군 역사 편'에서 언급하겠다.

둘째, 위만에 쫓긴 준왕의 행적에 대해 『위지(魏志)』를 인용했다 하면서 다르게 옮겨 적어 마한의 역사를 왜곡했다. 다음 기회, '마한사 편'에서 언급하겠다.

셋째, 『삼국사기』에 기록된 백제의 천도를 자기 나름대로 해석하여 생뚱맞게 끼워 넣음으로써 일제(日帝)가 우리 역사를 반도사(半島史)로 전락시키는 빌미를 제공했다.

『삼국유사』에서 문제가 되는 부분이 이 부분이다.

일연이 쓴 『삼국유사』에 백제를 건국한 온조왕 '14년 병진(BC5)에는 도읍을 한산(漢山) - 지금의 광주(廣州) - 으로 옮겼다. 389년을 지나서 13대

근초고왕 때인 함안(咸安)15) 원년에 이르러 고구려의 남평양(南平壤)을 빼앗아 도읍을 북한성(北漢城) - 지금의 양주(楊州) - 으로 옮겼다. 또 1백 5년을 지나서 23대 문주왕이 즉위하던 원휘(元徽)16) 3년 을묘(475년)에는 도읍을 웅천 - 지금의 공주(公州) - 으로 옮겼다. 다시 63년을 지나서 26대 성왕에 이르러서는 도읍을 소부리로 옮겨 국호를 남부여라 하고 31대 의자왕 때에 이르기까지 120년을 여기서 지냈다(十四年丙辰 移都漢山 - 今廣州 - 歷三百八十九年 至十三世近肖古王 咸安元年 取高句麗南平壤 移都北漢城 - 今楊州 - 歷一百五年 至二十二世文周王卽位 元徽三年乙卯 移都熊川 - 今公州- 歷六十三年 至二十六世聖王 移都所夫里 國號南扶餘 至三十一世義慈王 歷一百二十年)17).'고 한다.

『삼국유사』의 문제 첫 번째는, 한산(漢山, 광주), 북한성(北漢城, 양주), 웅천(熊川, 공주), 소부리(所夫里, 부여)를 최초 도읍지 및 천도한 곳이라 했는데, 4곳의 위치가 모두 당시(고려) 5도 중 한반도의 경기도(京畿道)와 양광도(楊廣道)에 해당하며, 이 4곳에서 왕궁에 있어야 하는 주춧돌이 단 한 개도 발견되지 않는다는 점이다. 중 일연이 근거도 없이 붓끝으로 아무 데나 찍은 것이 아닌가 한다.

『삼국유사』의 문제 두 번째는 백제 근초고왕이 고구려왕 사유(斯由)를 죽인 평양성 전투를 한반도 안으로 끌어들여 역사를 왜곡했다. 바로 앞의 문맥 중 백제의 흥망성쇠를 말하면서 '13대 근초고왕 때인 함안(咸安)

---

15) 동진(東晉) 간문제(簡文帝)의 연호이다.
16) 유송(劉宋) 후폐제(後廢帝)의 연호이다.
17) 일연, 이재호 옮김, 『삼국유사』, pp.298-302.

원년(371년)에 이르러 고구려의 남평양(南平壤)을 빼앗아 도읍을 북한성(北漢城) - 지금의 양주(楊州) - 으로 옮겼다(至十三世近肖古王 咸安元年 取高句麗南平壤 移都北漢城 - 今楊州 -).'는 대목이다. 양주는 한반도의 서울의 북쪽 E127° N37°47′에 위치한다.

『삼국사기』〈고구려본기〉에 보면, 연나라에 패전한 고국원왕 13년(343년) '가을 7월에 평양의 동황성(東黃城)으로 옮겨 거처했다. 성은 지금의 서경(西京) 동쪽 목멱산(木覓山) 속에 있다(秋七月 移居平壤東黃城 城在今西京東木覓山中).'고 한다.

김부식은 '평양(343년) 동황성'을 '지금(1145년)의 서경(西京)의 목멱산 지역'이라 했다.

한반도 지도를 펴놓고 현재의 평양을 찾아보았다. 평양의 동쪽은 대동강 유역으로서 평야 지대이고 산악이 없다. 목멱산을 찾을 수 없다.

김부식이 볼 때, 800년 전의 '평양 동황성'은 고구려 때 지은 역사서, 유기(留記)나 신집(新集)에 기록되었을 것이나, 동황성 그 자리가 과연 대동강 유역의 서경이었을까?

김부식이 말한 '지금(1145년 『삼국사기』 발행) 당시의 서경(西京)'을 찾기 위해 당시 고려의 영토를 짚어볼 필요가 있다. 바로 다음에 건너서 소개하는 서긍이 쓴 『선화봉사고려도경(宣和奉使高麗圖經)』에 보면, 고려의 영토는 만주의 남부 지역을 포함하고 있다. 서경은 만주에 있었다고 본다.

〈신당서열전 145 - 동이열전〉에서 고구리(고구려)에 대하여, '고구리는 본 부여의 또 다른 이름이다. 땅의 동쪽으로 바다 건너 신라가 있고 남으

로 바다 건너 백제가 있다. 서북에서(으로) 요수를 건너면 영주와 접하고 북쪽에 말갈이 있다. 그 나라(고구려) 임금은 평양성 또는 장안성이라 일컫는 곳에 기거하며, (그곳이) 한나라 낙랑군 땅이었다. 경사(=장안)로부터 오천리(五千里)를 가면 산을 따라 굴곡지게 휘감으며 성곽을 이루고 남쪽 끝에는 패수(浿水, 난하)가 있다. 왕은 그 좌측에 궁궐을 축성하였다. 또 국내성, 한성이 있는데 또 다른 도읍이라고도 한다.

대요수와 소요수가 있는데 대요수는 말갈의 서쪽 남산에서 시작되고 남으로 안시성으로 흐른다. 소요수는 요산 서쪽에서 시작되는데 역시 남쪽으로 흐른다. 량수(梁水)는 요새(要塞) 밖에서 시작되어 서쪽으로 흐르다 합쳐진다. 마자수는 말갈의 백산에서 시작되고 색이 오리의 머리 색깔과 흡사하여 압록수라 부른다. 국내성(통구) 서쪽으로 흘러 염난수와 합해지고, 서남쪽으로 안시에 이르러 바다(황하)로 흘러 들어간다. 평양성은 압록의 동남쪽에 있어 커다란 배로 사람을 건네고 믿음직한 참호 역할을 하고 있다(高丽 本扶馀别种也 地东跨海距新罗 南亦跨海距百济 西北度辽水与营州接 北靺鞨 其君居平壤城 亦谓长安城 汉乐浪郡也 去京师五千里 而嬴随山屈缭为郛 南涯浿水 王筑宫其左 又有国内城 汉城 号别都 水有大辽 少辽; 大辽出靺鞨西南山 南历安市城; 少辽出辽山西 亦南流 有梁水出塞外 西行与之合 有马訾水出靺鞨之白山 色若鸭头 号鸭渌水 历国内城西 与盐难水合 又西南至安市 入于海 而平壤在鸭渌东南 以巨舻济人 因恃以为堑).'

앞글에 나오는 마자수(马訾水)에 대한 글이 또 있다. 『한서지리지』에서 '마자수는 서북에서 염난수로 들어가고 서남으로 흘러 서안평에서 바다(황하)로 들어간다. 2개 군을 거쳐 길이는 2,100리이다(马訾水西北入盐难水

西南至西安平入海 過郡二行二千一百里).'라고 한다.

위의 두 글에서 고구려의 영토와 도읍지의 위치를 파악하기 위해 중요한 포인트는 강 이름이다. 패수(浿水)와 마자수(馬訾水)라는 압록수를 명확히 해 둘 필요가 있다.

패수는 지금의 청더(崇德) 옆을 지나는 난하(灤河)이다. 참고로 패수가 대동강이 아님18)은 『수경주』를 인용하여 밝힌 바 있다.

다음으로 마자수라는 압록수(鴨綠水)는 지금의 만주와 한반도의 경계가 되는 압록강(鴨綠江)이 아니다.

국내성(통구)를 중심으로 볼 때 압록수는 서쪽에 있다 했는데, 한반도의 국경을 이루는 압록강은 국내성의 동남쪽에 있다.

강의 길이로 볼 때 압록강은 790킬로미터로 2,000리가 못 된다. 790킬로미터라는 수치도 백두산 천지에서부터 잰 길이이므로 옛날 흐르는 물이 보이는 곳에서 재었다면 더 짧은 수치가 나온다. 그런데 〈한서지리지〉에 나오는 '마자수', 즉 압록수의 길이는 2,100리라 한다. 실제로 수원지까지 잰다면 더 길어질 것이다.

두 강의 길이와 위치를 비교할 때 명칭은 같으나 다른 강이다.

『선화봉사고려도경(宣和奉使高麗圖經)』19) 권3 성읍(城邑)에 '압록수'가 나온다. '말갈에서 발원하는 압록수(鴨綠水)는 그 물빛이 오리 머릿빛[鴨頭]과 같아서 그렇게 이름을 붙였다. 요동(遼東)과는 500리 떨어져 있는데 국내

---

18) 오운홍, 『고대사 뒤집어 보기』, 시간의물레, 2020, pp.173-175.
19) 1123년(인종 1)에 송나라 사절의 한 사람으로 고려에 왔던 서긍이 지은 책

성(國內城)을 거치면서 다시 서쪽으로 한 강물과 합류하여 흐르는데 이것이 염난수(鹽難水)이다. 이 두 강물이 합쳐서 흐르다가 서남쪽으로 안평성(安平城)에 이르러 바다로 들어간다. 고려에서는 이것이 가장 큰 강이다.'

만주에 있는 안산(鞍山) 부근에는 동남 지역에서 서북 지역으로 세 강이 나란히 남서쪽으로 흘러 하류 쪽에서 합쳐지는데 그 순서는 심양(瀋陽) 북쪽을 흐르는 요수(요하), 심양의 남쪽 변두리로 흐르는 훈하(渾河)[20], 그 남쪽으로 태자하가 있다. 이 중 가운데에 있는 물줄기 훈하가 압록수라고 말한다.

이를 계기(契機)로 고려의 영토를 다시 살펴봐야 한다. 왜냐면 고구려 고국원왕 때의 평양과 발해의 서경과 김부식이 『삼국사기』에서 서경이라고 한 평양, 일연 스님이 『삼국유사』에 서경이라고 쓴 평양에 대한 개념 접근의 실마리를 찾을 수 있기 때문이다.

〈신당서 열전 145 - 동이열전〉이나 『선화봉사고려도경』의 기록을 종합하여 볼 때, 『삼국사기』에 나오는 '평양성', 서경(西京)은 한반도가 아니라 만주에 있다고 볼 수 있다.

그런데 『조선사』가 그려주고 이를 이어받은 '한국사'의 '고려 5도(道) 양계도(兩界圖)'를 보면, 한반도의 서북쪽 의주에서 동해안 함흥 이남의 땅이다. 여기에도 역사의 왜곡이 있다.

이보다 먼저, 우리 역사의 왜곡은 『삼국유사』를 쓴 중 일연에서 시작

---

[20] 훈하(渾河)의 하류에서 중상류로 올라가자면 만주에 있는 안산(鞍山)을 거쳐 심양(瀋陽)의 남변을 지나 푸순(撫順)을 거쳐 동쪽으로 청원(淸原, E124°55′ N42°5′)을 지나면 여러 갈래의 지류인 상류로 나눠진다. 환련(桓仁) 지역을 흘러 압록강 변 평안북도 초산(楚山) 근방에서 합류하는 훈장(渾江)과는 다른 강이다.

되었다고 본다. 후학들이 재검토해야 할 부분이라 여긴다.

　『삼국유사』의 문제 세 번째는 남평양(南平壤)이라는 지명도 문맥상으로 지금의 서울로 해석하는 이가 있는데, 고구려가 언제, 즉 백제의 근초고왕과 고구려의 고국원왕 이전에 현 서울을 점령했는지, 이에 대한 기록이 전혀 없다.

　다음 장(章)에서 밝히겠지만 백제의 근초고왕은 한반도를 밟은 일이 전혀 없다. 이런 점에서 볼 때, 중 일연의 백제 기록은 사료의 가치가 전혀 없다고 본다.

　따라서 조선 시대에 여러 학자들에 의해 작성된 문헌사도『삼국유사』에 근거를 두었다면 백제 기록에 한해서는 별로 가치가 없는 것이다.

10. 백제금동대향로는 백제 유물인가?

　문헌사는 이와 같은 문제가 있다. 한편 백제의 출토 유물이라며 내놓은 '백제금동대향로'에도 문제가 있다고 본다. 1993년 12월 12일 충청남도 부여군 부여읍 능산리 절터에서 발견된 향로이다. 국사학계는 향로가 제작된 시기를 520-534년 사이로 추정하며, 고구려에게 한강 유역을 빼앗긴 이래 내정의 혼란을 거듭하던 백제가 다시 안정을 되찾고 꽃피운 문화를 상징하는 유물이라 한다.
　백제금동대향로는 손에 잡히는 '실물 역사' 그 자체라고 한다.
　박물관에 전시된 (복제모조품) '금동대향로'를 보노라면 청동에 금박을 한 문화적 기술의 탁월함에 자랑스럽기도 하고, 금동대향로의 조각이 자아내는 풍경에 심취하기도 한다.

　높이 61.8센티미터, 무게 11.8키로그램이나 되는 대형 향로로, 크게 몸체와 뚜껑으로 구분되며 위에 부착한 봉황과 받침대를 포함하면 4부분으로 구성되어 있다.
뚜껑에는 23개의 산(山)이 4-5겹으로 첩첩산중을 이루는 풍경을 보여주고 있다. 피리와 소비파, 현금(弦琴), 북을 연주하는 5인의 악사와 각종 무인상, 기마수렵상 등 16인의 인물상과 봉황, 용을 비롯한 상상의 날짐승, 호랑이, 사슴, 코끼리 등 39마리의 현실 세계 동물들이 조각되어 있다. 이 밖에 6개의 나무와 12개의 바위, 산 중턱에 있는 산길, 산 사이로 흐르는 시냇물, 폭포, 호수 등이 이상향의 세계를 변화무쌍하게 표현하고 있다.

　뚜껑 꼭대기에는 별도로 부착된 봉황이 목과 부리로 여의주를 품고 날개를 편 채 힘있게 서 있는데, 길게 약간 치켜 올라간 꼬리의 부드러움은 백제적 특징이라 한다. 봉황 앞가슴과 악사상 앞뒤에는 5개의 구멍이 뚫려 있어 몸체에서 향의 연기를 자연스럽게 피워올릴 수 있게 되어 있다. 활짝 피어난 연꽃을 연상시키는 아래의 몸체는 하나하나의 연잎의 표면마다 불사조와 물고기, 사슴, 학 등 26마리의 동물이 배치되어 있다. 받침대는 몸체의 연꽃 밑부분을 입으로 문 채 하늘로 치솟듯 고개를 쳐들어 떠받고 있는 한 마리의 용으로 되어있다.

　잠시 정신을 차리고 금동대향로를 다시 보면, 향로의 윗부분이 도교에서 말하는 신선 세계의 봉래산(蓬萊山)이 보인다. 학자 중에는 도교 사상의 영향을 받아 제작되었다고 보는 사람도 있다. 국사학계는 이 향로를 '백제금동용봉봉래산향로(百濟金銅龍鳳蓬萊山香爐)'라고 이름을 붙였지만, 혹자는 백제를 떼어내고 '금동용봉봉래산향로'라 명명해야 아름다운 예술품에 어울린다고 주장하기도 한다.

　필자가 '금동대향로'를 보면서 과연 백제의 유물인가에 의문을 제기하지 않을 수 없다.

　첫째, 금동대향로의 조각 예술이 자아내는 풍경이 도교(道敎)에서 말하는 신선(神仙) 세계, 봉래산을 연상할 정도로 도교적 요소와 느낌이 강하다. 백제가 불교국가로 알고 있는데, 백제에 어울리지 않는 유물이라고 본다.

둘째, 부여박물관에 전시된 다른 유물들을 보면 금동대향로에 걸맞은 수준이 아니다. 이에 걸맞은 문화적 유물을 찾을 수 없다. 전시된 토기들이 마한 수준이다. 금동대향로에 걸맞은 수준이라면 전시된 도자기 중에 무령왕릉에서 출토된 청자육이호(青磁六耳壺)나 흑갈유장경사이병(黑褐釉長頸四耳瓶) 수준은 돼야 하지 않나 한다. 그야말로 나홀로 뛰어난 유물이다. 심지어는 부여 능산리 유적도 공주 송산리의 무열왕릉 수준에 못 미치고 있을 정도이다. 금동대향로는 부여 사비성에서 발굴되는 유물과 수준 차이가 있다고 본다.

셋째, 금동대향로가 발견된 곳이 능산리 절터이다. 국사학계는 이곳이 대장간 자리이고 사찰 내에서 자체 제작된 향로라고 설명하고 있다. 이는 억지로 꿰어맞춘 변명으로 들리며, 설득력도 없다고 본다.

대한민국의 수많은 절에, 그리고 유적으로 남아있는 수많은 사찰 터에 대장간을 갖춘 절(터)은 하나도 없다. 또 하나 절에서 필요한 물품이라면 신도가 시주하고 공양하는 법인데 사찰에서 만들었다는 것도 상식 이하의 발상이다.

만약 이곳만 특수한 사정이 있어 대장간을 두었다면 금동대향로 제작에 따른 파편이나 실패작도 함께 출토돼야 하고, 제2의 금동대향로가 인근 어느 곳에서 출토돼야 하는데 그런 것은 전혀 없다.

이렇게 역사를 임의로 해석하고 변명한다면 외국의 학자들로부터 사학도(史學徒)의 자질을 의심받게 될 것이다.

넷째, 도교적 문양이 새겨진 금동대향로는 금욕을 수행해야 하는 법당에서 사용하기에는 알맞지 않다고 본다. 사찰에서 사용했던 제기(祭器)가 아니라고 본다.

다섯째, 중국의 고고학계에서 '중국의 유물'이라고 강력하게 주장하고 있다. '백제금동대향로'의 원형이 중국에서 유행하던 '박산로(博山爐)'라는 향로가 분명하다고 주장한다. 중국에서는 박산로가 기원전 4세기 전국시대에 나온 초기형태로부터 훗날 중세 시기 완성형에 이르기까지, 시대에 따른 박산로의 기술적 진화 모습을 모두 전시하고 있다.

그런데 한국에서는 이런 대향로가 만들어질 수 있는 기술적 발전 계통이 전혀 보이지 않고 갑작스레 하늘에서 '뚝' 떨어진 듯 완성품이 튀어나온 것이라 지적한다. 그래서 중국인이 보기에는 중국의 기술을 토대로 한국에서 만들었다고 보기에는 어렵고, 아예 중국에서 수입된 것이라고 보고 있다.

백제금동대향로가 백제에서 창조적으로 제작되고 사용한 유물로 보기에는 문제가 많다고 본다. 금동대향로를 백제 유물로 포장하는 것은 뭔가 찜찜한 구석이 있다.

11. 한반도 백제를 고집하기 전에 답을 해야 하는 문제들

백제가 한반도에 존재하지 않았다는 필자의 주장을 보고, 독자들은 물론 국민 모두 놀라움을 금치 못할 것이다. 그리고 기존 국사학계의 거센 반발과 비판과 공격이 예상된다.

다음의 질문들은 앞에서 논했던 필자의 주장을 한 곳으로 요약한 것이다. 필자에게 비판과 공격을 하려면 먼저 이에 대한 답을 주기 바란다.

① 세계사에서 주춧돌이 없는 궁궐을 들어 보았는가? 고구려나 신라의 왕성에는 있는데, 백제 왕성이라 하는 풍납토성, 몽촌토성, 웅진 공산성, 부여 사비성에는 주춧돌이 없다. 어떻게 생각하는가?

② 신라의 스님 자장(慈藏)율사가 640년에 창건했다는 공주(웅진) 마곡사(麻谷寺)는 '한국사'로 본다면 백제 땅에 있다. 백제 멸망 20년 전 일이다. 당시 신라(선덕여왕)와 백제(무왕)는 전쟁 중이었다. 적지에서 가능한 일인가?

③ 이보다 앞서 권좌에서 물러난(575년) 신라 진흥(왕)이 전북 고창 선운사를 창건했을 때 백제는 위덕왕 때이다. 만약 그곳이 백제 땅이라면 위덕왕이 부왕(성왕)을 죽인 진흥을 그대로 둘 수 있을까?

④ 한국사에서 말하는 한반도의 서남부 백제 땅, 김제 호남평야에 '벽골지(碧骨池)'를 건설한 나라는 신라(흘해이사금)이다.『삼국사기』〈백제본기〉에는 '벽골지' 관련 기사가 없다. 벽골지가 있는 호남평야를 백제 땅이라 할 수 있나?

⑤ 공주 송산리 무령왕릉 지석에 새겨진 토지매입권(土地買入卷)을 어떻게 설명해야 하나? 한국사에서 말하는 웅진성(공산성)에서 1-2킬로미터 정도 밖에 안되는 왕의 영역인데, 돈을 주고 묘터를 마련한다는 것이 말이 되는가?

⑥ 무령왕릉보다 100년 후에 조성되었다는 부여(사비성) 능산리 고분군을 백제의 왕릉으로 보고 있는데 아치형 천정이 아니고 평평한 횡혈식 석실이다. 기술이 후퇴한 까닭이 무엇인가? 백제 땅이 맞는 것일까?

⑦ 최근(2018년) 전북 완주군에서 가야 시대 제철 유적과 유물이 발견되었다. 유적지 중 비봉면은 익산군 미륵사지와 백제 왕궁설까지 거론되는 금마면과 붙어있는 곳이다. 과연 현실적으로 가능한 일인가?

⑧ 경기 하남시 이성산성(二聖山城) 발굴 결과 백제 유물이 출토되지 않았다. 이는 무엇을 말하는가? 백제가 존재하지 않았다는 것 아닌가?

⑨ 금동대향로가 부여 능산리 절터에서 발견되었다고 해서 백제 유물로 볼 수 있는가? 발견된 곳이 공방 터라 하는데 '공방 터' 근거가 뭔가?

거기다가 '백제금동대향로'라는 명칭을 붙였다고 해서 백제 유물이 되는가? '금동대향로'를 가지고 백제의 한반도 존재를 말할 수 없다고 본다.

⑩ 다음 장(章)에서 자세히 밝히겠는데, 『삼국사기』와 『남제서』에 있는 백제와 북위와의 전쟁 기록을 보면 한반도에 백제가 존재하지 않았음을 알 수 있다.

첫째, 북위의 기병 수십만에 맞설 백제의 군대가 얼마나 많아야 하며, 어떻게 바다를 건너갔을까? 둘째, 북위는 기병을 주축으로 신속하게 공격하는데, 3차례 침공에 대비하여 신속하게 백제 군사가 바다를 건너갈 수 있었을까? 셋째, 침공에 대비하려면 6년(484-490년) 동안 동성왕이 한반도 웅진성과 조정을 비워 둬야 하는데, 그동안 군대 유지비는 어떻게 충당했을까?

이에 대한 답변이 궁색하여, 북위가 바다 건너 공격해 왔다고 주장하는데, 첫째, 남조를 공략해야 할 북위가 바다 건너 백제를 공격한다면 전력을 분산, 약화시키는 결과를 가져오게 되는데 북위에서 그렇게도 할 일 없었는가? 둘째, 북위가 유목 국가로서 전통적으로 수군에 약하다는 점이고, 보병이면 몰라도 말과 동승 해야 하는 기병 수십만을 바다 건너 이동한다는 것은 거의 불가능한 일이다. 백제가 중국 땅에 있으면 이와 같은 다섯 가지 질문을 할 필요가 없어진다.

한국사에서 백제 땅이라고 하는 한반도 서남부에 있는 지명, ①의 풍납토성, 몽촌토성, 웅진 공산성, 부여 사비성에서, ②의 공주(웅진) 마곡사(麻谷寺)에서, ③의 전북 고창 선운사에서, ④의 김제 호남평야 '벽골지(碧骨池)'에서, ⑤의 공주 송산리 무령왕릉에서, ⑥의 사비성(부여) 능산리 고분군에서, ⑦의 전북 완주군에서, ⑧의 경기 하남시 이성산성(二聖山城)에서, ⑨의 부여 능산리 절터에서 백제 땅이 아니라는 것이 증명되었고, ⑩의 『삼국사기』와 『남제서』의 전쟁 기록이 백제가 중국에 있었음을 분명히 했다.

이제 백제의 존재를 한반도에서 찾을 수 있는 곳은 하나도 없다.

필자는 백제 22담로국 중에 혹시 하나의 담로국이 한반도 서해안에 있지 않았을까 해서 찾아 보았지만 백제의 유적은 한 곳도 없었다.

'백제의 유적'이라고 이름 붙여진 유적들이 이제 알고 보니, '가공의 백제' 땅에 있다는 이유로 백제 유적으로 둔갑한 것이라 보며, 후일 고려와 조선 조를 거치면서 조성된 것이 아닌가 한다.

무령왕릉 말고는 백제의 유물을 찾을 길이 없다.

인위적으로 조성되거나 둔갑한 백제의 유적(유물)은 진정성이 없다.

필자가 소리치고 싶은 목소리가 있다.

"백제의 유물을 찾아주세요"

제 2 장

백제의 왕도를 찾아서

1. 중국 땅에서 찾아보는 백제 위례성

앞 장(章)에서 얻은 결론은 한반도에서 백제의 도읍지를 찾는 일은 불가능하다는 것이다. 비록 한반도에는 백제가 없었다 해도 역사 기록으로 보아 어딘가에는 존재했던 것이 분명하다.

그러나 한반도에서 찾을 수 없어서 중국에서 찾는 것이 아니라, 중국 땅에 백제가 존재했다는 기록이 있기에 먼길을 따라 탐색 여행을 떠나는 것이다. 필자는 백제의 첫 도읍지 하남위례성(河南慰禮城)의 위치는 현 베이징시 동부지역이며, 조백하의 서쪽[1]임을 밝힌 바 있다.

천문학자 박창범 교수의 『하늘에 새긴 우리 역사』에 의하면, 『삼국사기』〈백제본기〉에 기록된 모든 일식, 즉 백제인이 보았던 일식 모두(BC18-AD660간 관측된 일식)를 가장 잘 관측할 수 있는 지구상의 위치가 발해만 유역인 동경 110°-122° 북위 38°-48° 범위[2]라 했다.

박 교수는 백제뿐만 아니라 〈신라본기〉의 일식 기록을 분석한 결과, 관측 시기별로 다른데 AD210년 이전은 동경108°-118° 북위26°-36° 범위로 중국 황허 유역에서 양쯔강 유역에 이른다. 또 한 AD787년 이후 기록은 동경125°-130° 북위33°-37°이다.[3] 이 범위는 지금의 경상남북도, 전라남북

---

1) 오운홍, 『고대사 뒤집어 보기』, 시간의물레, 2020, pp.105-108.

2) 박창범, 『하늘에 새긴 우리역사』, 김영사, 2018. pp.55-56.

3) 상게서. pp.55-56.

도, 충청남북도 일부를 포함한다. 신라의 마지막 왕도인 경주가 이 지역 안에 있다. 우리가 알고 있는 신라의 위치와 일치한다.

　박 교수의 일식 분석 자료를 바탕으로 고구려, 백제, 초기신라의 위치를 중국 지도에 표시한다면, 뤄양을 중심으로 하는 중원에서 볼 때 중국 동해안에 이르는 광범위한 지역에 남북으로 일렬종대(一列縱隊)를 이룬다[4]고 할 수 있다. 다시 말해 고구려가 있었다는 북쪽 만주 몽골지역(동경114°-124° 북위 47°-57°)에서 남쪽으로 백제, 그리고 신라가 배열되어 있다.
　박 교수는 그의 책(pp.61-63)에서 『삼국사기』에 나오는 장마 기록 분석도 곁들였다. 3국 중 가장 남쪽에 있는 신라의 경우 AD500년 이전에는 음력 4-5월에 홍수 피해가 있었고, AD787년 이후(경주)에는 5-8월경에, 신라의 북쪽에 있었던 백제의 경우에는 5-6월경에, 고구려는 5-8월경에 장마와 큰물이 났다고 한다. 백제의 큰물 시기가 상대 신라에 비해 한 달 정도 늦게, 고구려는 백제보다 더 늦게 나타나는 경향을 보였다. 이 역시 백제의 최적 일식 관측지가 발해만 근처이고, 고구려의 일식 관측지가 그보다 고위도 지역이라는 사실과 부합된다.
　이는 기상 자료와 일식 기록이 일치함을 말하는 것으로서 『삼국사기』의 기록들이 정확했음을 입증하고 있다.

　백제의 도읍지 천도를 『삼국사기』〈백제본기〉를 근거로 살펴보자.
　온조왕 원년에 도읍을 하남위례성에 정했다. 이때 형 비류(불류, 沸流)는 미추홀을 고집했다. 미추홀의 땅이 습기가 많고 물이 짜다는 기록으

---

[4] 삼국이 남북으로 일렬종대를 이룰 때는 근초고왕 전후에서 동성왕 때까지, 한성과 웅진 백제 시대의 삼국의 배치라고 본다.

로 보아, 위례성의 남쪽이며 톈진(天津)의 서쪽 부근이 아닌가 한다.

허베이성의 하이허(海河) 지역은 당시 겨울과 봄에만 뭍이 되고 여름과 가을에는 바다로 변하는 자연재해로 인해 국가의 뿌리 내림이 마땅치 못했다. 『삼국유사』에 '불류는 미추홀의 땅이 습기가 많고 물이 짜서 편안히 살 수 없으므로 위례성에 와보니 그곳은 도읍을 새로 정하여 인민이 편안했다. 마침내 부끄럽게 여기고 뉘우쳐 죽으니 그의 신하와 백성들이 모두 위례성으로 돌아왔다(沸流以彌趨忽土濕水鹹 不得安居 歸見慰禮 都邑鼎定 人民安泰 遂慙悔而死 其臣民皆歸於慰禮城)'5).

『삼국사기』〈백제본기〉온조왕 원년 조에, '열 명의 신하가 간해서 말했다. "오직 이 하남(河南) 땅은 북쪽으로 한수(漢水)가 (방어) 띠(帶)를 이루고, 동쪽으로 높은 산악을 의지할 수 있으며, 남쪽으로 기름진 땅과 못(연못)들이 있으며, 서쪽은 큰바다가 막아주므로 그(이)런 자연적 요새와 지리는 얻기 어려운 지세입니다."(十臣諫曰 惟此河南之地 北帶漢水 東據高嶽 南望沃澤 西阻大海 其天險地利 難得之勢)'라 했는데 그 자리에 비류가 동석했다 한다. 그 자리에서 온조는 신하의 간언을 들었고, 비류는 듣지 않았다. 이런 상황으로 보아 톈진의 서쪽 해(하)로 이동한 비류의 미추홀은 온조의 위례성과 멀지 않은 거리에 있었다고 본다.

중국 하북성 부근의 지형지도를 보면 북경과 톈진을 이은 직선을 경계로 볼 때, 동북쪽은 산악이고 멀리 서남쪽으로 스자좡(石家莊)과 남쪽의 더저우(德州)와 황하 변까지 이르는 지면은 해수면과 큰 차이가 없는 저지대이다. 다만 북경과 톈진을 이은 해하의 해수면 경계도 계절에 따라 높낮이에 변화가 있는 지역이라고 본다.

---

5) 일연, 이재호 역, 삼국유사 1권, pp.297-302.

온조왕 13년(BC6) 여름 5월에 왕이 신하들에게 말하기를 '우리나라 동쪽에는 낙랑이 있고, 북쪽에는 말갈이 있어 우리 국경을 침범하므로 편한 날이 별로 없소. -(중략)- 반드시 장차 서울을 옮겨야 하겠소. 내가 지난날 한수의 남쪽을 돌아다녀 보니 땅이 기름지므로 마땅히 그곳에 도읍해서 영원히 편안할 계책을 도모하여야 하겠소(國家東有樂浪 北有靺鞨 侵軼疆境 少有寧日 -중략- 必將遷國 予昨出巡 觀漢水之南 土壤膏腴 宜都於彼 以圖久安之計).'라 했다.

왕이 말하길 백제 동쪽에 낙랑이 있고 북쪽에 말갈이 있다 하였다. 백제가 낙랑의 서쪽에 있다니 우리가 배운 한국사와 판이하다. 백제의 북쪽은 진번군이나 낙랑군이 아니고, 또 고구려도 아니다. 고구려에 통합되기 전 말갈이라 한다. 한국사가 그려준 백제 초기의 한반도 삼국의 지도와는 전혀 다르다. 2천 년 이후, 한국사를 예상할 필요도 없었던 온조왕이 처음에 터 잡은 위례성이 마뜩잖아서 천도할 장소를 제시하며 의중을 내비친 것으로 본다.

온조왕은 같은 해 7월(두 달 후)에 한산 밑으로 가서 성책을 세우고 위례성의 백성들을 옮겼다. 8월에 사신을 마한으로 보내어 도읍 옮길 일을 알리고 마침내 국경을 그어서 정했는데, 북쪽은 패하에 이르고 남쪽은 웅천까지 가고 서쪽은 큰바다에 접하고 동쪽은 주양(走壤)에 이르렀다. 곧이어 9월에 성곽을 세웠다.

이듬해인 14년(BC5) 봄 정월에 도읍을 옮겼다. 가을 7월에 한강 서북쪽에 성을 쌓고 한성 백성들을 나누어 살게 했다. 그 이듬해(BC4) 봄 정월에 새 궁궐을 지었다.

2. 백제의 두 번째 도읍 한성은 어디인가?

여기서 백제의 두 번째 도읍 한성(漢城)은 한산(漢山) 밑에 자리 잡았기 (온조14년 정월) 때문에 붙여진 이름으로 본다. 그리고 한강(漢江, 漢水) 서북쪽에 쌓은(14년 7월) 성은 한성의 외성이 아닌가 한다.

우리 국사학계에서는 위례성과 한성을 뭉뚱그려 말하고 있는데 〈백제본기〉에 나오는 위례성과 한성은 명칭도 다르고, 한성으로 천도하는 '명분'도 있는 것으로 보아 각각 위치가 다른 성(城)이라 할 수 있다.

처음에 위례성을 정하는 조건이 있었다. 온조 원년 기록에 '열 명의 신하가 간해서 말했다. "오직 이 하남(河南) 땅은 북쪽으로 한수(漢水)가 (방어) 띠(帶)를 이루고, 동쪽으로 높은 산악을 의지할 수 있으며, 남쪽으로 기름진 땅과 못(연못)들이 있으며, 서쪽은 큰바다가 막아주므로 그(이)런 자연적 요새와 지리는 얻기 어려운 지세입니다."(十臣諫曰 惟此河南之地 北帶漢水 東據高嶽 南望沃澤 西阻大海 其天險地利 難得之勢)'라는 자연적 지세가 기록되어 있다.

이를 정리하면, 북쪽은 한수(漢水), 동쪽은 고악(高嶽), 남쪽은 옥택(沃澤), 서쪽은 대해(大海, 하이허, 海河)이다.

이번에는 한성의 지세를 보자. 북쪽은 패하(浿河), 동쪽은 주양(走壤), 남쪽은 웅천(熊川), 서쪽은 대해(大海)이다. 온조왕 원년과 13년 기사를 비

교해 보면, 서쪽의 대해(大海)는 같은데 한수에서 패하 쪽으로 이동한 것으로 보아 도읍을 동남쪽으로 이동한 것 같다.

온조왕 13년 8월, 도읍을 옮기기 전에 마한 왕에게 알렸다는 것은, 새로 옮기는 도읍(한성)도 마한 땅이 아닌가 한다. 그 전, 10년(BC9) 가을 9월에 (온조)왕은 사냥을 나가서 신록을 잡았기에 마한으로 보냈다는 기사가 있다. 양국의 관계를 돈독히 하고자 하는 노력으로 보인다.

한성으로 옮긴 이후, 24년(AD6) 가을 7월에 (백제가) 웅천책(熊川柵)을 만드니 (마한이) 사신을 보내어 책망하자, (온조)왕이 웅천책을 헐어버렸다는 기사로 보아 백제의 도읍은 마한의 영역 안에 있었다고 볼 수 있다.

하이허(海河) 유역도
(빗금 부분이 여름에서 가을까지 해하가 되는 지역)

이로부터 2년 후, 26년(AD8) '겨울 10월에 (온조)왕은 군사를 내어, 사냥한다고 꾸며 말하고 몰래 마한을 습격하여 드디어 그 국읍(國邑)을 병합

했는데, 오직 원산과 금현 두 성만은 굳게 지키며 항복하지 않았다(冬十月 王出師 陽言田獵 潛襲馬韓 遂幷其國邑 唯圓山錦峴二城 固守不下).'는 기록이 있다.

온조왕이 사냥한다고 위장하여 몰래 마한을 습격하여 국읍을 차지했다는 기사다. 마한의 국읍과 백제의 도성은 멀리 떨어져 있지 않았던 것 같다. 그렇다면 마한의 국읍은 어디쯤 있었던 것일까?

이처럼 마한과 관련된 기사를 『삼국사기』 여러 곳에서 찾을 수 있다. 〈신라본기〉에서 시조 혁거세거서간 조 38년(BC20), 39년(BC19), 탈해이사금 조 5년(61년)에 마한 관련 기사가 있다. 〈고구려본기〉에서 태조왕 조 70년(122년)에 마한과 연합 작전 기사가 있다. 〈백제본기〉에서 시조 온조왕 조 10년(BC9), 13년(BC6), 24년(6년), 26년(8년), 27년(9년)에 마한 관련 기사가 있다. 이들 기사를 보면 3국이 마한과 가까이 있어 중국 땅에 있었음을 알 수 있다.

특히 온조왕 24년의 기사는 백제가 마한 땅에서 건국할 당시(BC18) 마한 왕의 허락을 받았다는 사실과 26년 기사는 마한의 국읍을 병탄했다 했으니, 마한 땅과 국읍의 위치를 밝혀, 필자가 주장하는 위례성의 위치를 더욱 공고히 할 필요가 있다고 본다.

독자들은 잠시 혼란에 빠질 것이다.

우리가 학교에서 배운 한반도의 전라남북도에 있었다는 마한은 무엇인가?

한반도의 마한은 『삼국사기』에 기록된 마한이 아니다.

기회가 있다면 〈마한편〉에서 소개하겠는데, 『삼국사기』에 나오는 마한은 중국의 사서, 『삼국지』 〈위지〉 동이전이나 『후한서』 〈동이열전〉에

나오는 마한을 말하는 것이다. 특히 『후한서』에서 마한은 산과 바다 사이에 있으며 전체 국토의 넓이가 사방 4천여 리나 된다고 하였다. 우리가 알고 있는 전라도의 마한은 사방 500리에 불과하며 백제와 관련이 없는 마한이다. 마한에 대한 인식을 달리해야 중국에서 시작된 백제를 쉽게 이해할 수 있다고 본다.

『삼국사기』에는 마한의 위치 관련 기사가 없어서 다른 사서에서 인용하면, 『환단고기』〈태백일사〉 삼한관경본기(三韓管境本紀6), 제4)의 '마한세가(하)'에 22세 단군 색불루(索弗婁) 병신(丙申) 원년(BC1285) 기록이 있다.

'5월 제도를 개정하여 삼한을 3조선이라 하였다. 조선이란 관경(管境)을 말한다. 진조선(眞朝鮮)은 천왕이 몸소 다스리고 땅은 곧 옛날의 진한대로 하고 정치는 천왕이 친히 다스리도록 하니, 삼한이 모두 하나같이 명령에 복종하였다. 여원흥(黎元興)에게 명하여 마한(馬韓)이 되어 막조선(莫朝鮮)을 통치케 하고, (중략) 여원흥이 이미 대명을 받아 대동강(大同江)을 장악하니 역시 왕검성이라 한다.[五月 改制 三韓爲三朝鮮朝鮮謂管境也 眞朝鮮天王自爲而地則仍舊辰韓也政由天王三韓皆一統就令也 命黎元興爲 馬韓治莫朝鮮 (중략) 元興既受大命鎭守大同江亦稱王儉城]'

이 기록에서 알 수 있는 것은, 막조선을 통치하는 마한이 거처하는 도읍이 왕검성이다. 당시(BC1285) 마한은 여원흥이며, 왕검성이 있는 지명은 대동강(大同江) 유역의 대동(大同)이다. 한반도의 대동강이 아니다.

마한의 대동(大同)은 만리장성을 넘어 서역으로 가는 관문이다.

---

6) 임승국 번역, 『한단고기』, 정신세계사, pp.195-228.

마한의 왕검성인 다퉁(大同)의 위치가 백제의 일식 기록 분석 결과, 백제 도읍을 찾는 동경110°-122° 북위38°-48° 범위 안에 있다. 온조왕이 마한의 국읍을 습격하여 차지한 곳이 다퉁(大同, E113°30′ N40°)으로 보인다. 마한의 다퉁(大同)과 백제의 위례성(베이징 동쪽)은 거리상으로 약 290킬로미터 떨어져 있어 마한 땅임이 더욱 명료해졌다.

온조왕이 위례성에서 한성으로 도읍을 옮긴 가장 큰 이유는 도읍의 안정을 추구하고자 한 것 같다.

한성으로 옮기고 4년 후, 17년(AD2) 봄에 낙랑이 침범해 와서 위례성이 불탔다. 한성으로 천도하기 전, 8년(BC11) 봄 2월에 말갈의 침입으로 위례성이 포위된 일이 있다. 11년(BC8) 4월에 낙랑이 말갈을 시켜 (백제) 병산책을 습격하였고, 7월에 독산과 구천 두 성책을 쌓아서 낙랑에서 오는 길을 막았다.

이 기사들을 종합해 보면, 위례성은 낙랑과 대방에서 마한을 연결하는 장삿길에 있었다고 볼 수 있다. 장삿길은 항상 장사꾼을 보호하는 세력 간의 충돌이 발생하는 곳이다. 충돌이 잦으면 왕도를 지키기 어려울 수가 있다.

위례성에서 한성으로 도읍을 옮긴 것은 장삿길에서 벗어나려는 것으로 본다.

위례성에서 동남쪽에 있는 한성은 장삿길이 될 수 없었다. 왜냐면 한성의 서쪽은 대해(大海)로 명명될 정도로 광범위하게 물이 차 있는 하이허(海河) 주변 땅이고 우기가 지나도 그곳은 진흙 갯벌이기 때문에 통행로가 이어질 수 없는 곳이다.

제주도 '올레'가 떠 오른다.

원래는 '올레길'이 아니라 '올레'라 한다. '올레'의 본뜻은 '골목길'이란 의미가 있어 '올레길'이라 하면 '길+길'의 중복이다. 우리나라가 6·25 이후 생활영어를 쓸 때 '빽(bag) 가방'이란 용어를 사용하던 일과 같은 개념으로 이해할 수 있다.

제주에서 '올레'는, 사람들이 다니는 '마을 큰길에서 어느 집으로 들어가는 T자형 골목길'이다. 그리고 그 골목길은 그 집의 사도(私道)이기도 하다. 그 집 대문으로 들어가는 길인데, '올레'가 L자로 다시 꺾여 골목 입구에서 보면 그 집 대문, 즉 '정낭7)'이 보이지 않는다. 대문을 감추는 모양새다.

올레 구조와 생긴 유래에 대해 제주도의 강한 바람 때문이라고 보는 사람도 있지만, 고려-조선 때 왜구의 노략질8)에 대비하여 감추는 기능이 있었다고 한다.

---

7) 예전 제주에서는 집집마다 대문 대신 '정낭'을 사용하였다. '정낭'은 거릿길에서 집으로 들어오는 길목에 대문 대신에 가로 걸쳐 놓는 길고 굵직한 나무를 말한다. 지역에 따라서 '정남·정살·정술·징낭'이라고 부른다. 정낭은 주인이 있고 없음을 나타내는 도구이자, 마소의 출입을 막는 역할을 하였다. 정낭은 보통 '정주석', '정주목[정주먹]'이라는 기둥에 걸치게 된다. 넓적한 돌이나 나무에 둥근 구멍을 뚫어 만든 '정주목' 또는 '정주석'을 집 올레 양 끝에 세우고, 정낭을 걸치도록 되어있다. 보통 정낭은 3개를 사용 한다. 정주목이 따로 없을 때에는 돌담 구멍을 이용하여 정낭을 걸쳤다. 정낭이 놓여 있는 것에 따라 집 주인의 생활 반경을 알 수 있다. 정낭 3개가 정주목에 다 걸쳐 있으면 주인이 먼 곳에 출타 중이라는 표시이며, 다 내려 있으면 주인이 집안에 있다는 징표다. 또 정낭이 2개는 걸쳐지고 1개가 내려지면 주인이 조금 먼 곳에, 1개가 걸쳐지고 2개가 내려 있으면 가까운 곳에 볼 일 보러 갔다는 표시이다. 이처럼 제주 사람들은 정낭을 가지고 의사 표현을 하였다. 만약 정낭이 3개 걸쳐 있을 때는 주인이 오랫동안 집을 비운다는 의미여서 동네 사람들은 주인 대신 소나 돼지를 돌보아주기도 하였다.

8) 1555년 6월 27일 60여 척의 배에 나눠 탄 왜구 1000여 명은 제주의 관문인 화북포로 침입했다는 기록 등이 남아있다.

이와 유사하게, 백제가 두 번째 도읍지 '한성'으로 천도한 이유는 올레처럼 주요 장삿길에서 '안보상 도읍을 감추는 개념'으로 파악할 수 있다.

온조왕이 한성으로 도읍을 옮긴 후, 〈백제본기〉에서 왕도(王都)를 분석해 보면, 2대 다루왕(多婁王)에서 12대 계왕(契王)까지 다시 천도한 일이 없었다.

3. 근초고왕의 한산 천도를 어떻게 볼 것인가?

『삼국사기』〈백제본기〉 근초고왕 조, 26년(371년)에 '도읍을 한산(漢山)으로 옮겼다(移都漢山)'고 했다. 이보다 2년 전, '24년(369년) 겨울 11월에 한수(漢水) 남쪽에서 왕이 친히 군사를 사열했는데, 기는 모두 황색을 썼다'(二十四年冬十一月 大閱於漢水南 旗幟皆用黃)고 했다.

근초고왕 24년과 26년 기사에서 한수(漢水)와 한산(漢山)의 漢(한)은 지명의 연관성으로 보인다.

그런데 온조왕 13-14년(BC5) 조에 보면, 한산(漢山) 밑에 성책을 쌓고 도읍을 옮겨 한성(漢城)이라 했는데, 근초고왕(369년)의 한산(漢山)과 온조왕의 한산(漢山)이 같은 곳인가, 다른 곳인가에 대한 논쟁이 있다.

또한 근초고왕(24년)이 한수(漢水) 남쪽에서 친히 사열했다는 기사에 대하여, 두 번째 도읍지 (온조왕 때) 한성이 한수 이남에 있으니 그곳(한성)에서 사열한 것인지, 다른 곳 한수 이남에서 사열한 것인지도 함께 검토할 일이다.

국사학계에서도 이 논쟁에 대해 명쾌한 결론을 내리지 못하고 있다.

두 시점(時點)은 시간상으로 370여 년의 간격이 있다. 한산이나 한수를 같은 장소로 보는 견해는 다음과 같다.

우선 두 시점의 두 곳을 표시하는 지명의 글자에 변화가 없고, 한산과 한수와 한성이 연관성을 가지고 존재한다는 것이다. 그리고 근초고왕(369년)

때 벌어진 치양 전투 장소와 371년의 전투가 있었던 패강 상류 지역이 온조왕 13년에 천도한 한성과 가까운 곳이라는 점으로 보아 같은 지명으로 보고 있다.

이와는 달리 두 시점의 한산과 한수가 각각 다른 곳이라 보는 견해는 이렇다. 근초고왕 조에서 말한 지명이 온조왕 조와 같은 곳이라면 특별히 기록할 필요가 없다는 것이다. 예를 들어 A지역에서 A지역으로 서울을 옮겼다면 실제로는 옮기지 않은 것과 같기 때문이다. 근초고왕이 전략상 수도를 옮길 수도 있다고 보는 것이다.

이와 같은 두 가지 견해를 바르게 해석하는 일이 백제사를 푸는 열쇠로 본다.

주의해서 볼 일은 한성과 한산과 한수라는 명칭의 연계성이다. 처음 한성은 온조왕 때 붙여진 지명이니, 한산(漢山)이나 한수(漢水, 漢江)가 한성보다 먼저 붙여진 이름이 분명하다. 그렇다면 한산(漢山)이나 한수(漢水, 漢江)가 어디서 유래했나에 대한 의문이 따른다.

필자는 다음과 같이 두 가지 가설을 제기한다.

첫 번째는 한(漢)나라가 낙랑 땅에 한사군(漢四郡)을 두기 전, 한나라와 위만조선이 다투던 경계선이 아닌가 한다. 다시 말해 한나라에서 볼 때 여기까지, 혹은 위만에서 볼 때 여기 한수에서부터 (漢)나라 땅이란 표시라는 〈가설 1〉을 제기한다.

두 번째 〈가설 2〉는 한산보다 한수의 지명이 먼저이고, 한수는 큰물이 흐르는 강을 뜻하므로 수량이 많은 강에서 비롯되었다.

〈가설 2〉를 보충 설명하자면, 우리말 국어사전에 한수(漢水)에 대해,

보통명사는 큰 강물을 말하고, 고유명사는 '한강 혹은 한수' 등의 다른 이름이 있다 한다.

요즈음 현대에 와서도 동이어족에 포함된 우리의 정서 속에 큰물을 한강(漢江, 漢水)으로 표현하는 경우가 꽤 있다. 예를 들어 평소 징검다리로 건너던 개울에 비가 많이 와서 물이 넘칠 때, "물이 한강(漢江)이야."라고 말한다. 또 가정에서 찌개를 끓이는데 물을 많이 넣었다면 "이게 찌개야, 국이지, 물이 한강이야." 하고 말한다. 물김치를 만드는데 내용물이 적은데 생각보다 물이 많을 때도 "물이 한강이야."라고 말한다.

이처럼 '한강'은 '꽤 많은 물이다'라는 표현이다. '한강(漢江)'이라는 말을 곧잘 사용하는 것이 동이 언어문화의 정서이다.

수량(유량)이 많은 강을 한강(한수)이라 불렀다는 말이 된다.

한반도에 한수(漢水, 漢江)[9]와 한산(漢山)을 쓰는 지역이 있다. 서울 부근에 있는 북한산(北漢山), 한강(漢江), 남한산성(南漢山城)이다. 이들 지명이 한반도(韓半島)에 있으니까 북한산(北韓山), 한강(韓江), 남한산성(南韓山城)이라고 해야 자연스럽지 않을까? 그런데 한(漢)이란 글자를 쓰는 지명들이 한반도 전역에 있는 것도 아닌데 서울 부근에서만 보이는 '한(漢)'이라는 지명이 '생뚱맞고' 어색하지 않나 하는 의문이 든다.

한사군(漢四郡)의 경계 말고 또 다른 곳에 한(漢)을 쓰는 지명이 있기 때문에 앞에서 제기한 〈가설 1〉은 잠정적으로 부정할 수밖에 없다.

---

[9] 한강(漢江) 혹은 한수(漢水)라는 고유명사는 한반도의 서울을 가로질러 흐르는 한강(漢江)과 베트남의 중부도시 다낭 시내에 있는 한강(漢江)과 중국 양쯔강의 우한에서 섬서성의 상류로 이어진 한수이(漢水)가 있다. 주위에 있는 강보다 수량이 많은 강이다.

한반도의 중심을 흐르는 한강의 명칭이 왜, 언제부터 부르게 되었는지 찾아보는 것도 또 하나의 흥미 있는 과제가 될 수 있다고 본다. 아마도 〈가설 2〉와 같이 수량(水量)이 많은 데에 연유한 것이 아닌가 한다.

사람들은 백제의 도읍 한성(漢城)이란 명칭이 먼저이고 이에 따라 붙여진 지명이라 말하지만, 이는 선후가 뒤바뀐 논리다. 인위적으로 조성된 한성보다 자연적으로 이미 존재하는 한수나 한산이란 지명이 앞서기 때문이다.

더구나 앞의 장(章)에서 한반도 백제의 존재가 부정되는 마당에서 한성과 관련된 이런 대답은 의미가 없는 일이다.

혹자는 한반도의 대동강 유역에 한사군이 설치된 후 한나라 명칭을 따서 한강이라 이름 붙인 것이라 한다. 그렇다면 한사군이 통치했다는 대동강을 한강으로 해야지, 말이 안 되는 변론이다. 더구나 한사군 자체가 한반도에 존재하지 않았음이 밝혀진 이상 이러한 변론은 더 들을 필요가 없다고 본다.

〈가설2〉를 주장하는 이유 중의 하나는 온조왕이 위례성을 선정(BC18)하는 조건에 북대한수(北帶漢水, 방어선)로서의 한수(漢水)가 나오고, 한성으로 천도(BC5)하는 과정 중에도 한수(漢水)가 나온다. 여기 나오는 두 한수(漢水)는 같은 강인 대수(帶水)를 가리킨다고 본다. 대수(帶水)를 두 개의 강줄기를 가진 조백하(차오바이강)로 보고 있다.[10] 조백하는 조하(潮河; 차이허강)와 백하(白河; 바이허강)라는 두 개의 강줄기로 이뤄졌다. 지도에서 찾아보면 두 강줄기 중 백하는 북경의 북쪽 지역에서 동남 방향으로 흐

10) 오운홍, 전게서. pp.110-113.

르다가 지금의 밀운수고(密云水庫, 저수지)에서 조하와 합쳐져서 북경 동편으로 흐르다가 보하이만으로 들어간다. 조백하(潮白河; 대수)의 조하(潮河)는 옛 조선하(朝鮮河)라 하여 조선과 한(漢)의 경계선을 암시하고 있다. 대수는 강의 수량이 많은 강이다. 조백하의 중하류가 어느 날 물이 불어나 해하가 되었을 때 조하를 한수(한강)이라 불렀을 것이다.

온조왕 13년(BC6) 5월에 '장차 서울을 옮겨야 하겠소. 내가 지난날 한수(한강)의 남쪽을 돌아다녀 보니 땅이 기름지므로 마땅히 그곳에 도읍해서 (후략)'라고 말하는 중에 나온 '한수'는 북대한수(北帶漢水, 방어선)의 한수를 말하는 것이고, 강을 건너 동남쪽으로 이동한 새 도읍지에서 보면, 그 자리는 한수[대수(帶水)] 이남의 땅이 된다. 같은 강을 말하는 것이다.

그런데 후일 근초고왕이 한수와 한성으로 천도(371년)했다는 기록이 있다. 여기에 나오는 한수는 다음과 같은 역사로 볼 때, 다른 강으로 보인다. 〈가설 2〉에서 말하는 큰물이 흐르는 또 다른 강으로 본다. 그 강이 어디일까?

4. 백제의 세 번째 도읍 한성은 어디인가?

주목할 만한 기사가 있다. 근초고왕이 수도를 옮기기 2년 전인 24년 (369년) 겨울 11월에 한수(漢水) 남쪽에서 왕이 친히 군사를 사열했다는 데 그것도 깃발을 모두 황색11) 깃발을 썼다고 한다. 황색으로 통일한 이유가 무엇일까?

『일본서기』〈신공황후〉에 보면 근초고왕이 등장하고, 만났다는 기록이 있다.

신공황후(神功皇后) '49년(249?+60+60=369)12) 봄 3월에 황전별(荒田別)과 녹아별(鹿我別)을 장군으로 삼아 구저(久氐) 등과 함께 군대를 거느리고 (바다를) 건너가 탁순국(卓淳國)에 이르러 장차 신라를 습격하려고 하였다. 이때 어떤 사람이 "군대가 적어서 신라를 깨뜨릴 수 없으니, 다시 사백(沙白)·개로(蓋盧)를 보내어 군사를 늘려 주도록 요청하십시오"라고 하였다. (이에) 곧바로 목라근자(木羅斤資)와 사사노궤(沙沙奴跪)〈두 사람은 그 성(姓)을 모른다. 다만 목라근자는 백제 장군이다〉에게 정병(精兵)을 이끌고 사백·개로와 함께 가도록 명하였다. (그리하여) 함께 탁순(국)에 모여 신라

---

11) 상게서. pp.254-257. 오방색 중 황색은 중방(中方)에 해당한다.
12) 이주갑인상(二周甲引上)은 2(二)주기(周)의 갑자(甲), 즉 2갑자(60년×2)를 끌어(引) 올렸다(上)는 뜻으로, 일본의 고대 역사서 일본서기의 특정 부분에서 사건이 일어난 시대를 일괄적으로 120년 끌어올렸음을 뜻하는 일본식 역사용어이다. 즉 사건 자체는 대체로 사실인 듯한데 연도가 120년씩 왜곡되었다는 것이다. 문제는 일본서기의 연대가 모두 120년씩 앞당겨진 것이 아니라 일부 시기만 그렇다는 것이다. 이주갑인상을 하면 일본서기에 기록된 사건과 다른 역사와의 이음새가 맞게 된다.

를 격파하고, 비자발(比自㶱)·남가라(南加羅)·녹국(㖨國)·안라(安羅)·다라(多羅)·탁순(卓淳)·가라(加羅)의 7국을 평정하였다. 또한 군대를 옮겨 서쪽으로 돌아 고해진(古奚津)에 이르러 남쪽의 오랑캐 침미다례(忱彌多禮)를 무찔러 백제에게 주었다. 이에 백제 왕 초고(肖古)와 왕자 귀수(貴須)가 군대를 이끌고 와서 만났다. 이때 비리(比利)·벽중(辟中)·포미지(布彌支)·반고(半古)의 4읍이 스스로 항복하였다.(卌九年春三月、以荒田別·鹿我別爲將軍、則與久氏等共勒兵而渡之、至卓淳國、將襲新羅。 時或曰 「兵衆少之、不可破新羅。更復、奉上沙白·蓋盧、請增軍士」 卽命木羅斤資·沙々奴跪是二人不知其姓人也、但木羅斤資者百濟將也、領精兵、與沙白·蓋盧共遣之、俱集于卓淳、擊新羅而破之、因以平定比自㶱·南加羅·㖨國·安羅·多羅·卓淳·加羅七國。仍移兵西廻、至古爰津、屠南蠻忱彌多禮、以賜百濟。於是, 其王肖古及王子貴須, 亦領軍來會. 時比利·辟中·布彌·支半·於是, 其王肖古及王子貴須, 亦領軍來會. 時比利·辟中·布彌·支半·古四邑, 自然降服。)'라는 기사가 있다.

한·중·일 동양사를 읽다보면 가끔 '바다를 건넜다(渡)'는 구절이 있다. 이는 황해나 한·일의 경계 현해탄을 건너는 의미가 아니라, 중국 동해안에서 '해상 루트'를 이용했다는 말이다.

앞의 기사 〈신공황후〉를 보면 백제 왕, 초고(肖古)[13]와 왕자 귀수(貴須)가 나온다. 왜(倭)의 신공황후는 백제와 연합군을 결성하여 신라를 비롯한 7개국을 평정하였고, 평정한 땅의 일부를 백제에 이양했다 한다. 이양하는 자리에서 근초고왕 부자와 만났다는 것이다.

이와 관련하여 박영규[14]는 이 사열보다 3년 전에, 백제와 왜의 국교

---

13) 초고(肖古)를 백제 5대 왕, 초고왕으로 보는 학자도 있다. 그런데 연대가 맞지 않는다.
14) 박영규, 『한권으로 읽는 백제왕조실록(증보판)』, 웅진닷컴. 2004. pp.140-141.

수립은 신공황후 46년(366년)에 이뤄졌다고 한다.

〈백제본기〉의 근초고왕 '24년(369년) 겨울 11월에 한수(漢水) 남쪽에서 왕이 친히 군사를 사열했다.'는 기사는 신공황후를 만나는 의식으로 본다.

왜군의 깃발과 달리 백제군이 모두 황색[중방(中方)]15) 깃발로 통일한 것은 이양받은 이 땅이 백제 땅이 되었음을 강조하는 것이라 본다. 그리고 바로 앞글에서 '한수(漢水) 남쪽이 한성이냐, 아니면 다른 한수의 땅이냐'를 연관지어 살펴보자 하였는데, 백제의 두 번째 도읍인 온조왕의 한성은 아니라고 본다. 왜냐면 왜(倭)가 아무리 백제의 우방이라 하더라도 다른 나라 군대가 도성에 들어와서 사열을 함께 한다면 만약의 사태에 대비할 수 없기에 도성과는 멀리 떨어진 곳이라 단정할 수 있다.

이때 백제가 이양받은 땅은 백제의 남쪽 지역이며, 산둥반도 내륙 지역으로 보인다. 이 당시 신라는 산둥반도 남단 강소성 지역16)으로 신라와 겹치는 땅이 아니라고 본다.

그렇다면 근초고왕이 사열을 했다는 한수 이남의 땅이 어디쯤인가?

한수(漢水)를 수량이 많은 강, 황하(黃河)로 보면, 우선 떠오르는 곳이 지난(濟南)이다. 또 한 곳, 황하 남쪽 변에 동평호(東平湖, E116°10′ N36°)가 있다. 그리고, 호수 옆에 대채산(大寨山, 494m)이 있다. 그 산의 남쪽이면서 호수의 동편에 동평(東平)이라는 도시가 있다.

필자가 이곳을 근초고왕의 한성으로 지목하는 이유는 동평호 동쪽에

---

15) 동이와 구려와 연결된 티벳까지도 5방색 깃발을 사용하고 있는데 모두 공통점은 내가 서 있는 땅 중방이 첫째 방이고 황색이다. 천지현황도 이와 관련이 있지않나 한다. 오방의 순서는 ①중방, ②북방, ③남방, ④서방, ⑤동방이다.(오운홍, 전게서. p.257 참고)

16) 이 글 후반부에 중국 사서를 분석하는 자리에서 신라의 위치가 나온다.

동평수호영시성(東平水滸影視城)이란 유적이 남아있기 때문이다. 이곳은 지난(濟南) 땅과도 가까운 곳이기도 하다.

신공황후(神功皇后)는 이 땅을 백제에게 왜 이양했을까?
왜는 해양 세력이다. 해안에서 내륙 쪽으로 깊숙이 들어가 있는 땅은 나중에 관리하기 어렵다. 그리고 백제군과 연합하여 승리를 쟁취했으니 백제의 몫을 나눠 주어야 한다. 그래서 산둥성 서부지역이 백제 땅이 된 것 같다.

그리고 2년 후 근초고왕이 '도읍을 한산으로 옮겼다'는 기사는 이곳을 말하는 것 같다. 근초고왕이 전략상 도읍을 황하 남쪽으로 남천한 것이 아닌가 한다. 또 도읍을 옮기기 직전 10월에 고구려의 평양성을 공격하여 고구려의 왕을 죽이는 전투에서 승리한 요인 중에 하나로 왜의 지원이 있었는지 더 연구해 볼 필요가 있다고 본다.

백제왕과 왜의 신공황후가 만난 주된 무대가 산둥반도 지역이라는 추론은, 다음의 세 가지 면에서 개연성이 있다고 본다.

첫째, 근초고왕이 한반도가 아니라 이곳에 있는 이유와 관련이 있다. 이 글 앞의 장(章)에서 살폈듯이 백제의 유적이나 유물이 한반도에서 발견되지 않는 점으로 보아 백제는 한반도에 존재하지 않았고, 근초고왕은 한반도에 왕래한 적이 없다 하겠다. 근초고왕 조(條)에 나오는 지명들이 지금의 난하 유역과 황하 유역이라는 점이다.

둘째, 신공황후는 산둥반도와 연고가 있다고 본다. 춘추시대 월(越)나라가 오(吳)나라를 정복한 후 도읍을 회계(會稽, 저장성)에서 낭야(琅琊)로 옮겼다. 그 낭야성의 왕궁터가 산둥반도 남단에 있는 청도(靑島) 땅에 남아있을 정도로 월나라의 연고지가 있었으며, 왜의 세력은 이곳과 연결되었을 것으로 보인다.

셋째, 근초고왕과 신공황후의 사열(369년) 이후, 이와 관련된 역사가 계속된다는 점이다. 근초고왕의 사열로부터 120여 년 후, 490년에 백제의 동성왕이 수십만의 기병으로 구성된 북위의 침공을 막아내어 대승을 거둘 때도 산둥반도에 근거를 두고 있었다는 것이다.

이를 종합하여 볼 때, 근초고왕과 왜의 신공황후와의 연합은 산둥반도 남단에서 내륙 쪽으로 이뤄진 것이라 할 수 있다. 따라서 『일본서기』에 나오는 신공황후의 행적에 대해 일본의 사가와 국내 사학자들이 한반도의 경상도 중남부에 있는 지명과 연결[17]하는 주장은 폐기돼야 한다.

왜냐면 한반도에 백제가 존재하지 않았고 근초고왕이 없는데 그곳에서 신공황후가 백제군과 연합할 수 없기 때문이다.

---

17) 국사학계는 비자발을 창녕, 남가라를 김해, 탁국을 경산, 안라를 함안, 다라를 합천, 가라를 고령으로 비정하고 있다.

5. AD369년 백제의 치양(雉壤) 전투지 논란

 뜬금없이 치양 전투지를 왜 찾느냐 할지 모르지만 백제가 중국 땅에 있다는 것을 증명하기 위해서 탐색하는 것이다.
 〈백제본기〉 근초고왕 '24년(369년) 가을 9월에 고구려왕 사유(斯由, 고국원왕)가 보병과 기병 2만을 거느리고 치양에 와서 둔치고 군사를 나누어 민가를 약탈했다. 왕이 태자 수(須)를 보내니, 태자는 군사를 거느리고 샛길로 치양에 이르러 급히 습격하여 이를 쳐부수고 5천여 명을 사로잡아 그 포로들을 장병에게 나누어 주었다.(二十四年秋九月 高句麗王斯由 帥步騎二萬 來屯雉壤 分兵侵奪民戶 王遣太子 以兵徑至雉壤 急擊破之 獲五千餘級 其虜獲分賜將士)'
 이와 같은 기록이 〈고구려본기〉에도 있다.

 고국원왕 '39년(369년) 가을 9월에 왕은 군사 2만을 거느리고 남으로 백제를 쳐서 치양에서 싸웠으나 크게 패전하였다.(三十九年秋九月 王以兵二萬 南伐百濟 戰於雉壤 敗績)' 치양 전투를 패배(敗北)가 아니라 패적(敗績)이라 기록하고 있다. 고구려 입장에서는 아군의 패배이기 때문이다.
 두 나라 기록에 나오는 전쟁터 치양(雉壤)의 위치에 대해, 국사학계는 한반도에 있는 황해도 연백(연안군, 배천군) 지역의 옛 지명이라 한다. 옛 지명이라니? 어디에 그런 기록이 있는지, 알고 싶다.
 필자가 이를 의심의 눈으로 보는 이유가 있다.
 국사 학계의 해석은 이렇다. 고구려가 치양 전투를 일으킨 배경에 대해, 고구려 쪽에서 볼 때 요동(遼東)에 있는 전연(前燕)이 너무 강해져 고구려는 서쪽 공략을 포기해야 했고, 그 대신 한반도 중남부의 패자로 성장하는 백제를 견제하기 위해서 일으켰다는 것이다.

이 해석은 정세분석 면에서 미흡하다고 본다.

왜냐하면, 서쪽 국경에 강력한 연나라가 등장하여 전운이 깊어졌는데 그쪽 방어를 소홀히 하고 전력(戰力)을 남쪽으로 이동해도 되는지 의문이다. 고국원왕 조(條)의 기사처럼 '패배(敗北)'의 충격이 왕의 전사로까지 이어지는 전쟁인데 과연 전력을 서쪽과 남쪽으로 양분할 수 있었을까 하는 점이다.

필자의 해석은 다르다.

실제로 고구려는 전력을 서쪽과 남쪽으로 양분하지 않았다고 본다.

369년 치양 전투는 양국의 기록 내용이 같다.

2년 후 371년의 기록에, 고구려의 침공과 백제의 패강 매복 작전의 승리, 백제왕의 공격과 고구려왕의 전사(戰死)가 치양 전투의 연결선상에서 전개된 것으로 본다.

〈백제본기〉 기록에 주의해서 볼 대목이 있다.

그것은 바로 '패강 전투'인데, '패강'의 기록은 여제(麗濟)의 정황을 바르게 볼 수 있는 핵심이다.

근초고왕 '26년(371년)에 고구려가 군사를 일으켜 쳐들어오므로 왕은 이 말을 듣고 군사를 패강(浿江) 상류에 매복시켜 놓았다가 그들이 오기를 기다려 급히 치니, 고구려 군사들은 패배했다(二十六年 高句麗擧兵來 王聞之 伏兵於浿河上 俟其至 急擊之 高句麗兵 敗北).'는 것이다.

여기 나오는 패강(浿江, 패하浿河)은 중국 요동에 있는 난하(灤河)이다. 허베이성 청더(承德) 옆을 흐르는 강이다.

고구려군의 패배, 나중에 고국원왕의 전사는 백제의 매복 작전에 말려든 것에서 기인한다.

만약 국사학계가 주장한 그대로 치양을 황해도 연백 지역으로 비정한다면 근초고왕과 그의 태자(수)는 369년에는 한반도 연백에 있다가 2년 후 수많은 군대를 이끌고 중국 허베이성 패강에 나타나는 신출귀몰(神出鬼沒)의 존재가 된다.

이에 대한 대답이 궁색해지자 국사학자 중에는 패수(浿水, 패강)가 한반도의 대동강이라고 말한다. 이는 일제가 패수를 대동강으로 왜곡한 것을 그대로 믿는 부끄러운 일이다. 일제가 『수경주(水經注)』[18]의 기록을 아전인수격으로 해석한 데서 비롯된 것으로 본다. 한국사도 이에 동조하여 평양성이 있는 대동강을 패수라 하고 있다.

『삼국사기』 권 제23 〈백제본기〉 제1 온조왕조에 비류(沸流)가 '드디어 아우(온조)와 함께 따르는 무리[19]를 거느리고 패수(浿水)와 대수(帶水)의

---

[18] 『수경주(水經注)』는 중국남북조 시대에 저작된 지리서이다. 『수경(水經)』이란 책에 주석이 추가된 서적이다. 책의 저작 연대는 연창(延昌) 4년(515년)으로 추정된다. 수경주의 주요 내용은 고대 중국의 수로(水路)를 기술한 것이다. 추가적으로 지역의 특색을 기술하였다. 본문의 내용에 주석을 붙어있는 형식으로 되어있다. 수경주는 북위 시대에 역도원에 의해 편집되었다. 수경의 원래 분량에서 40배 크기로 방대해 졌다. 10세기 무렵 책의 일부 내용이 유실되었다. 그리고, 책의 내용도 경문(본문)과 주석이 뒤죽박죽이 되었다. 수경주를 복원하려고 명나라. 청나라의 유명한 학자들이 조사하여 조합한 결과, 여러 종류의 복원이 이루어졌다. 그중에서 가장 상세한 고증본은 명나라의 주모위(朱謀㙔)가 1615년에 복원한 『수경주소(水經注疏)』이다. 수경주소를 토대로 하여 전조망과 대진 등이 문장을 추가한 수경주가 나왔다.

[19] 주몽이 북부여에서 낳은 아들(유리)이 오자 태자로 삼으니, 불류와 온조는 태자에게 용납되지 않을 것을 두려워하여 마침내 오간(烏干), 마려(馬黎) 등 열 명의 신하들과 함께 남쪽으로

두 강을 건너 미추홀에 이르러 살게 되었다(遂與弟率黨類 渡浿帶二水 至彌鄒忽 以居之).'20)는 기록이 있다. 비류가 미추홀로 가기 전에 '비류는 듣지 않고 그 백성들을 나누어 미추홀로 가서 살았다(沸流不聽 分其民 彌鄒忽以居之)21)' 는 기사로 보아 ①고구려 출발, ②패수와 대수를 건넘, ③위례성 후보지 에서 온조와 비류가 갈라섬, ④비류가 미추홀에 이르러 자리 잡는 과정 을 거쳤다고 본다.

패수와 대수 2강에 대한 국사학계의 정리가 막연하고 분분하다.

국사계의 말을 그대로 빌리면, '패수가 만약 압록강이라면 대수는 자연 스레 대동강이 되겠고, 패수가 대동강이라면 대수는 재령강(은파강)이나 예성강이 될 것'이라 한다. 이렇게 국사학계가 패수 하나도 제대로 정리 하지 못하고 있는 실정은 참으로 부끄러운 일이다. 이렇게 패수에 대한 개념 정리가 안 된 상황에서 패수를 대동강으로 본다는 것은 그때그때 임시방편에 불과한 것이 된다.

재야사학자 중에 패수를 난하로 보는 학자들이 꽤 있다. 필자도 그들 과 같은 견해를 가지고 있다. 그 배경에는 『수경주』의 원문인 〈수경〉에 나오는 '패수(浿水)는 낙랑 루방현에서 나와서 동남을 지나 패현(浿縣)을 거쳐서 동해 바다(보하이 만)로 들어간다(浿水出樂浪鏤方縣, 東南過臨浿縣, 東入 于海).'라는 기록에 대한 신뢰가 있다.

'패수는 낙랑의 루방현에서 나온다.'라 했으니, 루방현을 알면 패수의

가니, 백성들이 그에게 따르는 이가 많았다.(『삼국사기』2권 pp.279-280) 불류와 온조의 어머니 소서노도 함께 왔다.

20) 김부식, 이재호 역, 전게서(2권). p.298.
21) 상게서, p.297.

위치는 저절로 알 수 있다. 중국 문헌의 기록을 보면 루방(현)은 현재의 베이징 인근 서북쪽으로 나타난다. 여기서 중요한 단서를 찾을 수 있다. '패수는 루방현에서 나온다'는 말은 '루방현이 패수의 상류'라는 거다. 그 루방현이 낙랑 땅에 속한다고 하였다. 그 루방현이 베이징과 '청더(承德)' 사이에 있다고 한다. 중국 지도에 표시된 난하는 청더 서쪽을 흐르는 강으로 수경주에서 말하는 패수의 위치와 일치한다.

『수경주』가 나왔으니 짚고 넘어갈 것이 있다. 이 책 원문인 〈수경〉에, '패수(浿水)는 낙랑 루방현에서 나온다.' 했으므로 패수(패강, 난하) 동쪽이 낙랑 땅이다. 근초고왕이 371년 패강 전투에서 승리하고 그 여세를 몰아 겨울(10월)에 고구려 평양성을 공격하여 승리했다는 것은 패강(패수)의 동쪽 땅, 옛 낙랑지역을 차지했다는 말이 된다.

근초고왕은 곧바로 이듬해(372년) '정월에 사신을 진(동진)에 보내어 조공했다'는 기록이 있다. 사신은 직전의 고구려와의 전투와 옛 낙랑 땅을 차지한 내용을 상세히 전했을 것이다. 동진으로서는 과거 서진으로 있을 때, 고구려와 국경을 맞대어 좋지 않은 기억이 있었던 터라 좋은 소식으로 접수했을 개연성이 있다.

『진서』에 함안2년(咸安二年, 372년, 6월) '견사배백제왕여구위진동대장군령낙랑태수(遣使拜百濟王餘句爲鎭東將軍領樂浪太守)'라는 기록이 나온다. 이는 백제가 사신을 보내오자 진동대장군 낙랑태수에 봉했다는 내용이다. 이것은 다시 말해 근초고왕이 차지하고 있는 낙랑 땅을 백제의 땅이라고 국제적으로 인정해주는 것이다.

이에 대해 국내 사학자들은 한반도의 한성백제가 북진하여 평양성 전투(371년)에서 고구려와 충돌한 것이고, 백제는 이듬해(372년) 낙랑태수라는 명예를 사기 위해 바다 건너 진나라에 조공을 했다고 한다.

　이들 주장에는 몇 가지 모순이 따른다. 첫째, 한반도에서 벌어진 전투라면 바다 건너, 그것도 중국의 양쯔강 남쪽에 쫓겨가 있는 동진(수도 건강, 建康: 지금의 난징)이 멀리 떨어져 있는 백제와 무슨 상관이 있나? 둘째 질문은, 한반도 한강 유역에 있는 근초고왕에게 '낙랑'태수라는 칭호를 수여했다면 무슨 명목으로 제수한 것일까?

　조공에 대한 답례는 상국(上國)의 입장에서 더 큰 것(명예)을 주는 경우가 많다. 백제 근초고왕에게 낙랑태수 칭호를 제수(372년)한 것은, 낙랑 땅을 지배하고 있다는 의미가 담겨있다. 낙랑군이 고구려군에 의해 소멸(313년 미천왕)된지 반세기가 지난 때이다. 이보다 앞서(355년) 연나라가 고구려왕 사유를 낙랑공(樂浪公)으로 봉한 일이 있다.

　근초고왕 조에 기록된 패강은 중국 허베이성에 있다. 이 책의 앞장에서 백제가 한반도에 존재하지 않은 것이 분명함을 밝혔다. 따라서 치양도 한반도에 존재하지 않은 것이다. 근초고왕 역시 한반도에서 활동하지 않았다. 또 하나 고구려의 도읍 평양성이 만주에 있었고 압록강을 넘지 않았음을 다음의 고국원왕 행적으로 짐작할 수 있다.

6. 치양 전투지를 고구려 정세분석에서 찾다

이번에는 369년 백제와 고구려 간의 치양(雉壤) 전투의 전·후 사정을 〈고구려본기〉에 나타난 국제 정세를 중심으로 살펴보고자 한다. 백제의 왕도를 찾는 마당에서 고구려의 왕사(王史)를 왜 찾느냐 하겠지만, 고구려 고국원왕의 행적을 통해서 백제가 한반도에 있지 않았음을 증명하고자 한다.

331년 고국원왕(사유斯由 혹은 쇠釗라고도 한다)이 왕위에 올랐다.

335년(고국원왕 5년) 1월, 나라 북쪽에 신성(新城)을 쌓았다.

337년에 모용외(慕容廆)의 아들 모용황(慕容皝)이 연왕(燕王)이 되었다.

339년(고국원왕 9년) '연나라 왕 모용황이 침범해 와서 군사가 신성까지 이르므로 왕(쇠釗)이 맹약을 청하니 그제야 돌아갔다(九年 燕王皝來侵 兵及新城 王乞盟 乃還).'

340년(고국원왕 10년) 왕은 세자(후일 소수림왕)를 보내어 연나라 왕 모용황에게 조회(朝會)했다.(十年 王遣世子 朝於燕王皝)

342년(고국원왕 12년) 2월, 환도성을 수리하고 또 국내성을 쌓았다. 8월 왕이 환도성으로 거처를 옮겼다. 11월에 모용황이 침입했다. 고구려의 패전으로 선왕(미천왕)의 무덤이 파묘되어 시체를 빼앗기고 왕모(王母)가 끌려갔다.

343년(고국원왕 13년) 왕은 자기 아우와 진귀한 보물을 연나라에 보내고 신하라 일컬으며 간청한 결과 아버지 미천왕의 시체를 돌려받았으나 왕모는 머물게 하여 인질로 삼았다.

345년에 연나라가 내몽고에 자리잡은 우문씨(宇文氏)를 멸망시켰다.

349년 연은 모용준(慕容儁) 때에 이르러 황제위(皇帝位)에 오르고 대연(大燕)이라 칭하였다.

355년(고국원왕 25년) 12월 사신을 통해 연나라에 예물과 조공을 바치고, 왕모 주씨(周氏)를 돌려받고, 정동대장군영주자사(征洞大將軍營州刺史) 낙랑공(樂浪公)의 작위를 받았다. 참고로, 근초고왕이 동진으로부터 '진동대장군령낙랑태수(鎭東將軍領樂浪太守)'의 낙랑태수라는 작위를 받기 17년 전의 일이다.

369년(고국원왕 39년) 고국원왕 '39년(369년) 가을 9월에 왕은 군사 2만을 거느리고 남(쪽)으로 백제를 쳐서 치양에서 싸웠으나 크게 패전하였다(三十九年秋九月 王以兵二萬 南伐百濟 戰於雉壤 敗績).'

이 기사에서 '남(쪽)으로 백제를 쳤다'는 것은 한반도로 가서 남쪽이 아니라, 중국으로 가는 남쪽 장삿길에서 백제를 만난 것이다. 앞서 보았듯이 서쪽으로 전운이 짙은데 엉뚱하게 한반도로 군대를 이동할 수 없는 일이다.

370년에 그동안 고구려를 괴롭히던 대연(大燕)이 전진(前秦)에게 멸망했다. 고국원왕(40년) 기사에 '진나라 왕맹이 연나라를 쳐서 이를 격파하니22), 연나라 태부 모용평이 도망해오므로 왕은 그를 잡아서 진나라에

---

22) 5호 16국의 초기 왕조들은 국가체제를 제대로 갖추지 못한 지역 군벌 수준의 세력들이었다. 한나라 제국체제 안에서 자치권을 누리며 결집력을 갖고 있던 집단들이 진(晉)나라 통치체제가 무너진 공백 속에서 두각을 나타낸 것으로, 안정된 통치 태세가 되어 있지 않았다. 그러나 시간이 지남에 따라 오랑캐 왕조들도 중국식 정치 이념을 습득하며 통치의 시간적·공간적 확장을 꾀하게 되었다. 전진(前秦)의 부견(苻堅, 338-385, 재위 357-385)은 370년대에 북중국을 통일하고 383년에는 천하 통일을 꾀하는 남방 정벌에 나서기까지 했다. 晉書(진

보냈다(四十年 秦王猛伐燕破之 燕大傅慕容評來奔 王執送於秦).'

371년(고국원왕 41년) '10월 백제왕이 군사 3만 명을 거느리고 와서 평양성을 공격하므로 왕은 군사를 거느리고 나가서 이를 막다가 날아오는 화살에 맞고 이달 23일에 세상을 떠나므로 고국의 언덕에 장사지냈다(四十一年 冬十月 百濟王率兵三萬 來攻平壤城 王出師拒之, 爲流矢所中 是月二十三日薨 葬于故國之原).' 이때 평양도 한반도에 있는 평양이 아니다.

고구려의 고국원왕은 비운의 왕이었다. 주변 국가가 자국에 비해 막강하였다. 고구려의 교역로가 봉쇄된 것이다.

국제 정세로 보면, 342년 고구려를 초토화시킨 연나라 임금 모용황의 최종적인 목표는 중원으로 진출하는 것이었다. 그러기 위해서는 배후에서 언제든 적이 되어 공격할 수 있는 고구려와 우문씨(宇文氏)의 선비족을 제거해야 하는데, 우문씨를 먼저 공격하기 위해 내몽고로 쳐서 올라가면 그 뒤를 고구려가 칠 수가 있으므로 고구려를 먼저 제압하여 배후를 안정시키려는 작전이었다.

우문씨는 3년 후인 345년에 멸망하게 되는데, 연나라는 고구려 왕의 어머니를 볼모로 잡아놓은 상태에서 고구려의 반응을 보기 위해 남소성을 공격한다. 고구려 쪽 국경은 안심할 수 있다고 판단한 연은 우문 선비족을 물리치고 중원으로 진출해 황하강 하류 일대를 장악한다. 연나라는 일종의 인질 외교로써 고구려의 발을 묶어놓고 파죽지세로 중원을 향해

서) 제8권 제기(帝紀) 8 폐제편(廢帝篇) 4에 태화5년 '가을 9월 부견의 장수 왕맹이 모용위를 정벌하여, 위(暐)가 있던 상당(上黨)을 함락시켰다.(秋九月 符堅將王猛 伐慕容暐 陷其上黨)', '겨울 10월 부견의 장수 왕맹이 모용위의 장수 모용평과 노천에서 싸워 크게 쳐부수었다.(冬十月 王猛大破 慕容暐將慕容評 於潞川)', '겨울 십일월 왕맹이 업(鄴)에서 승리하고 모용위를 사로잡으니 그 땅이 모두 점령되었다.(猛剋鄴 獲慕容暐 盡有其地)'

진출할 수 있던 것이다.

369년의 치양 전투는 중원으로 진출한 연나라의 견제가 풀린 후의 일이다. 고국원왕이 공격한 목적은 중국과 서역으로 가는 교역로 확보에 있었다고 본다.

치양 전투(369년)에서 패한 사유(斯由)가 2년 후(371년) 다시 패강 상류를 넘어가려다가 백제의 매복 작전에 걸려 괴멸되었고, 이어 자국의 도읍 평양성 전투에서 전사까지 이르게 된다. 패강 전투도 교역로 확보 목적에서 비롯되었다고 본다.

당시 교역로 확보는 고구려의 국운을 좌우하는 최우선 과제라고 본다.

필자는 고구려가 교역로 확보를 위해 일으킨 369년의 치양 전투와 371년의 패강(상류) 전투를 보며, 치양(雉壤)의 위치가 지금의 난하(灤河, 패강) 중류 쯤에 있었을 것으로 추정한다.

중국의 요동 지역의 지도를 살펴보면, 난하 유역에 있는 청더(承德)시를 기점으로 하여 난하의 상류와 난하의 중·하류를 나누어 볼 수 있다. 위도상으로 볼 때, 난하의 중·하류는 북남으로 흐르며 E118°-119° N39°-41°에 있다. 난하의 상류는 E118°의 서쪽과 N41°의 북쪽에서 발원한다.

난하(패강)를 건너는 옛길이 지도상에 세 곳으로 보인다. 이 세 곳의 길은 백제가 건국하기 이전에도 있었다고 본다. 난하의 하류에는 건너가는 장삿길이 없다. 강폭이 넓은 이유도 있겠지만 강을 건너 서쪽으로 가면 우기에는 해하(海河)가 있어 가로막고 건기에도 진흙 길이 되어 불편하기 때문이다.

난하의 중하류, 즉 탕산(唐山) 북쪽에 길(1)이 있다. 이 길은 대방의 땅

에서 위례성과 현 베이징을 거쳐 서역과 중국 중원으로 이어지는 길이다. 또 하나 난하 중류의 청더를 지나는 길(2)이 있다. 이 길은 낙랑 땅에서 밀운(密云)과 현 베이징을 거쳐 서역과 중국 중원에 이르는 길이다. 난하의 상류를 지나는 길(3)은 츠펑(赤峰)에서 한마영(韓麻營)과 난평(灤平)을 지나 현 베이징을 거쳐 중국 중원으로 가는 길이다. 이 세 길을 지도상에 그려 보면, 고구려에서 교역로를 개척하려는 코스를 대략 짐작할 수 있다.

한편 백제의 근초고왕은 고구려의 전략적 코스를 읽었을 것이고 이를 간파하여 패강 상류에서 승리했다고 본다.

탕산 북쪽을 건너는 중하류의 길(1)은 당시 고구려의 위치를 감안할 때 진출 방향과 어긋나고, 백제 도읍 한성과 다툼이 있을 수 있어 백제 정복을 위한 침공 목적이라면 모를까 고구려의 장삿길 개척을 위한 진출 코스는 아니라고 본다.

고구려의 두 번째(371년) 진출 코스는 패강 상류라 했다. 첫 번째(369년) 침공을 했다는 치양과는 다른 길이다. 왜냐면 백제가 치양 전투에서 승리한 이후 그곳에 견고한 성(치양성)을 보수했기에 고구려가 침공하기에는 어려운 코스로 본 것 같다. 그래서 패강 상류를 택했을 것으로 본다.

지금 전개하는 논거는 백제가 승리했다는 치양의 위치를 찾고자 제시하는 것이다. 고구려의 침투 경로를 분석하여 치양의 위치를 찾고자 한다. 371년의 침투 경로로 보아 369년의 치양 전투 위치는 상류도 아니고 하류도 아닌 중류 지점일 것으로 본다. 청더 근처, 난하의 중류(中流)를 건너는 길목이 아닌가 한다.

고국원왕이 그의 선친 미천왕(美川王)이 정복한 낙랑 땅에서 중국 중원으로 가려면 난하 중류의 길목이 지름길이기 때문이다. 치양은 고구려의 공격과 백제의 수비라는 전투 양상으로 볼 때, 백제의 성이므로 난하의 서쪽 변에 있었다고 할 수 있다.

고구려의 사유(고국원왕)가 죽고(371년), 백제의 근초고왕이 죽은(375년) 이후에도 려제(麗濟)의 전쟁은 계속되었다. 백제 근구수왕 원년(375년)의 전쟁 기록은 369년의 치양 전투지로 보인다. 이 치양 전투에 반걸양(半乞壤)이라는 지명이 나온다. 치양과 가까운 거리에 있다고 본다. 고구려군을 추격하는 중에 나온 지명으로 보아, 난하의 동쪽 고구려 땅23)의 지명이 아닌가 한다.

고구려 소수림왕 5년(375년)에도 백제의 수곡성(水谷城)을 공격했다는 기록도 있다. 윤여동설에 의하면 '수곡성(水谷城), 치양(雉壤), 반걸양(反乞壤) 등은 지금의 북경 동북쪽, 하북성의 청더(承德)시 동남쪽 난하 변의 상판성진(上板城鎭) 부근'이라는 주장도 있다. 현 상판성(上板城)은 E118°5′ N40°50′ 지점에 있다.

여기서 잠시, 역사적 좌표를 살펴보면, 지금 거론하는 이 자리, 치양은 근초고왕이 한성으로 도읍을 옮긴 시기(373년) 이전의 일이다.

이를 종합하여 보면 백제의 두 번째 도읍 한성이 난하 서쪽에 있었음을 알 수 있다. 다시 말하면, 한성은 동쪽으로 난하, 서쪽으로 해하(海河) 사이에 있다.

---

23) 〈고구려본기〉에 의하면, 369년의 치양 전투는 가을 (음)9월, 양력으로 보면 10월 말경이라고 본다. 상강이 지난 때이고 북위 41° 지역이라면 수량이 줄어든 난하를 손쉽게 건너 추격할 수 있었을 것이다.

『삼국사기』〈백제본기〉 온조왕 13-14년(BC5)에 도읍을 옮겼다는 기록, 북쪽은 패하(浿河), 동쪽은 주양(走壤), 남쪽은 웅천(熊川), 서쪽은 대해(大海)라는 기록에 근접해 있다고 본다. 북쪽의 패하와 서쪽의 대해는 위치가 분명한데 비해 주양과 웅천의 현재 지명과 위치를 밝히는 일은 후학에게 기대하고 싶다.

치양 전투지를 통해서 알 수 있는 것은 백제의 도읍과 고구려의 도읍이 한반도에 있지 않았고 지금의 중국 땅에 있었다는 사실이다. 치양 전투와 이어진 패강 전투와 평양성의 전투에서 승리한 근초고왕이 세 번째로 도읍을 옮긴 곳이 한수(황하) 남쪽 한성이다.

7. 백제의 네 번째 도읍, 웅진성을 찾아서

백제 개로왕이 한성에서 고구려 장수왕의 침입으로 잡혀 죽자 그 아들 문주왕이 475년 겨울 10월에 한성을 버리고 도읍을 웅진(熊津)으로 옮겼다고 했다.

웅진?, 웅진성이 어디인가?

국사학계가 말하는 지금의 한반도 공주에 있는 공산성은 아니다.

앞에서 살펴보았듯이 공산성에서 왕궁터라고 볼 수 있는 주춧돌 하나도 발견되지 않았다. 공산성의 성터로 보아 왕성이라 할 수 있을 정도의 크기도 아니다. 가까운 곳에 신라 스님 자장율사가 창건했다는 공주 마곡사도 있다.

난하의 서쪽 요동에 있는 한성에서 한반도 공주로 천도할 수도 없는 일이고, 후일 동성왕 때(488년), 북위의 군사를 맞아서 승전했다는 기록을 보면 웅진은 분명히 중국 대륙에 있었다고 봐야 한다.

그런데 넓은 중국 땅에서 웅진성을 찾는다는 것은 쉬운 일이 아니다.

웅진을 찾기 위해 하나의 단서라도 놓칠 수가 없었다.

단서 (1)을 찾아서, 온조왕 13년(BC6) 8월 기록에 백제의 국경이 북쪽은 패하(浿河)에 이르고 남쪽은 웅천(熊川)까지 가고 서쪽은 큰바다(해하)에 접하고 동쪽은 주양(走壤)에 이르렀다고 밝히고 있다. '남쪽은 웅천(熊川)까지'라는 구절이 있는데, 문주왕이 천도했다는 웅진(熊津)은 웅천(熊川)에서

비롯된 것이 아닌가 하여 웅천을 찾았지만 뚜렷한 지명을 찾을 수 없다.

단서 (2)를 찾아서, 근초고왕이 옮긴 한성을 산둥반도 서부에 있는 동평 부근으로 볼 때, '북쪽의 고구려를 피해 남쪽으로 피신하지 않았을까?' 하는 추측이다. 그리고 웅진은 온조왕 때 남쪽 국경을 이루는 웅천과는 다른 곳으로 본다.

『삼국사기』〈백제본기〉개로왕 21년(475년)에 한성이 함락한 것을 본 '문주는 이에 목협만치(木劦滿致)와 조미걸취(祖彌桀取)와 함께 - 목협(木劦)과 조미(祖彌)는 모두 복성(復姓)이었다. 『수서(隋書)』에는 목협을 두 개의 성(姓)24)으로 하였으니 어느 것이 옳은지 알 수 없다 - 남쪽으로 갔다(二十一年 … 文周乃與木劦滿致·祖彌桀取 - 木劦·祖彌皆複姓 隋書以木劦爲二姓 未知孰是 - 南行焉).'는 기록이 있다. 웅진성은 한성의 남쪽이라는 단서를 얻었다. 거련(장수왕)이 계속하여 추격해 와서 여차하면 배를 타고 도망할 퇴로가 열려있는 곳이 아닐까도 생각해 볼 수 있다. 그러나 더 이상 웅진 또는 웅진성의 위치가 어딘지 자세히 알 수 없었다.

단서 (3)을 찾아서, 『삼국사기』에서 백제 웅진 시대에 해당되는 기사를 살피기로 하였다. 우선 〈백제본기〉에 나오는 기사들이다.

475년 10월 도읍을 웅진(熊津)으로 옮겼다.
476년 2월에 대두산성(大豆山城)을 수리하고 한성 북쪽의 백성을 산성

---

24) 김부식이 백제의 사료를 정리하는 과정에서 목협만치(木劦滿致)의 목협(木劦)이 복성(複姓)인지 두 개의 성(姓)인지 확신이 서지 않아 첨삭(添削)한 것 같다. 중국의 사서 『수서(隋書)』에 사씨(沙氏)·연씨(燕氏)·협씨(劦氏)·해씨(解氏)·정씨(貞氏)·국씨(國氏)·목씨(木氏)·백씨(苩氏) 등 백제의 대성(大姓) 팔족(八族)이 있다.

으로 옮겼다. 대두성과 웅진성이 같은 곳인지 혹은 다른 곳인지 연구해 볼 필요가 있다.

477년 '문주왕 3년 5월에 검은 용이 웅진에 나타났다.'는 기사는 웅진성 왕권에 좋지 않은 조짐을 예고한 것이다. 7월 내신좌평 곤지가 죽었다. 『일본서기』에 의하면, 곤지는 개로왕의 동생이며 동성왕의 아비라고 한다.

478년 문주왕이 시해당했다. 삼근왕 2년, 좌평 해구와 은솔 연신이 대두성에서 배반하므로, 이를 진압하고 연신의 처자를 웅진 장터에서 목을 벤 것으로 보아, 웅진성은 대두(산)성이 아님을 알 수 있다.

483년 동성왕 5년 4월에 웅진 북쪽에서 사냥하여 신록을 잡았다.

486년 '가을 7월에 대궐을 수리하고 우두성을 쌓았다.'는 기사에서 우두성(牛頭城)은 웅진성의 외성으로 보고, 수리한 대궐은 웅진성에 있다고 본다.

참고로 우두성은 후일, 동성왕이 22년(500년) 4월에 사냥을 나갔다가 우박으로 그만두었다는 기록이 있고, 무령왕이 원년(501년)에 우두성에 이르러 한솔 해명에게 명하여 가림성에 웅거한 좌평 백가를 진압한 기록이 있다.

488년 북위의 군사가 침입해 왔으나 우리 (백제) 군사에게 패배당했다.
490년 사현(沙峴)과 이산(耳山) 두 성을 쌓았다.
491년 동성왕 13년 여름 6월 웅천의 물이 넘쳐 서울의 2백여 호를 떠내

려 보내거나 가라앉혔다. 웅진성은 웅천의 강변에 위치한 것으로 보인다.

493년 봄 3월에 (동성)왕은 사신을 신라에 보내어 혼인하기를 청했더니, 신라왕은 이찬 비지의 딸을 시집보내 주었다. 같은 기사가 신라에도 있다.

〈신라본기〉 소지마립간 15년(493년) 봄 3월에 백제왕 모대(牟大, 동성왕)가 사신을 보내어 혼인을 청하므로, 왕(소지왕)이 이벌찬 비지(比智)의 딸을 그에게 보냈다. 이때 신라 도읍의 위치는 안후이성 수현(壽縣, 화이난시)에 있었다고 본다.

494년 신라 소지왕 16년 가을 7월에 장군 실죽 등이 고구려와 살수(薩水, 대릉하)의 들판에서 싸웠으나 이기지 못해 물러나 견아성(犬牙城)을 지켰다. 고구려 군사가 이를 포위하니 백제왕 모대가 군사 3천을 보내 구원하여 포위를 풀었다.

같은 기사가 〈백제본기〉에도 있다. 동성왕 16년 가을 7월에 고구려와 신라가 살수(대릉하) 언덕에서 싸웠는데, 신라는 이기지 못하고 물러가서 견아성을 지켰다. 고구려가 이를 포위하자 왕은 군사 1천 명을 보내어 신라를 구원하여 포위를 풀어주었다. 두 나라 역사서에 같은 기록이 등장한다. 백제 지원군의 숫자(3천, 1천 등)는 다르지만 혼인국끼리 군사 동맹이 이루어졌으며, 사학자들은 이를 나제동맹 시기로 보고 있다.

〈고구려본기〉에도 같은 기사가 있다. 문자명왕 3년 가을 7월에 우리 군사가 신라 사람과 살수(대릉하) 언덕에서 싸워, 신라 사람이 패전하여 견아성을 지키니 우리 군사가 이를 둘러쌌다. 그런데 백제가 군사 3천

명을 보내어 신라를 구원하므로 우리 군사는 물러왔다. 세 나라 기사가 동일한 사건을 다루고 있다.

세 나라 모두 전략적 요충지로 기록한 것을 보면, 역사 기록은 사실로 보인다. 신라의 견아성(犬牙城) 위치가 현재로서는 정확하지 않으나 대릉하 서편에서 난하 사이에 있었을 것으로 보인다. 문제는 안후이성에 있는 신라가 왜 요동의 살수와 견아성까지 진출한 것일까?

려(麗), 제(濟), 라(羅)의 3국을 강역 국가로 표시한다면, 이와 같은 역사 기록은 신뢰가 떨어진다고 할 수 있다. 다음의 장(章), 고구려 편에서 언급하겠는데, 당시 3국은 강역(국경 표시) 국가라기보다 영역(세력이나 영향력의 범주) 국가로 봐야 한다. 신라의 견아성은 동북방 장삿길의 교두보로 보이며, 장군 실죽은 견아성을 담당하는 책임자로 보인다. 또 백제의 지원군은 웅진성에서 보내온 것이 아니고, 장삿길 교두보로 나선 백제의 치양성(雉壤城)에서 긴급하게 지원된 것으로 보인다.

이글 뒷부분에서 언급하겠는데, 『북서』에 의하면 신라는 초기 백제 시대에 백제 동편에 있다 하였다. 대릉하 서편에에 있었다는 신라 견아성(犬牙城) 위치가 초기 신라의 영토라고 할 수 있다.

494년 전투를 고구려 측에서 볼 때, 나제동맹은 매우 불쾌한 일이다. 〈고구려본기〉 문자명왕 4년(495년) 가을 8월에 군사를 보내어 (작년에 밉상인) 백제의 치양성(雉壤城)을 포위하니, 백제는 구원을 신라에 청했다. 신라왕은 장군 덕지(德智)를 명하여 군사를 거느리고 가서 구원하게 하므로 우리 군사는 물러나 돌아왔다.

같은 해, 〈백제본기〉 동성왕 17년 가을 8월에 고구려가 침입하여 치양

성을 포위하므로 신라왕은 장군 덕지를 명하여 군사를 거느리고 우리(백제)를 구원하니 고구려 군사는 물러갔다.

〈신라본기〉에도 있다. 소지마립간 17년 가을 8월에 고구려가 백제의 치양성을 포위하므로 백제가 구원을 청했다. 왕은 장군 덕지에게 명하여 군사를 거느리고 구원하게 하였는데, 고구려 군사들이 무너져 달아나므로 백제왕이 사신을 보내어 와서 사례했다.

498년 (동성왕은) 웅진교(熊津橋)를 만들었다.

지금까지 살펴본 단서 (1), (2), (3)에서 웅진성의 위치를 찾기는 어려운 일이었다. 그래서 거꾸로 찾아 들어가는 방안을 모색해 보았다.

단서 (4)는 동성왕이 북위와 전쟁을 했다는 기록과 정세로 그 위치를 찾아보는 방안이다.

8. 중국 남북조의 조두(鳥頭) 지역에서 백제의 흔적을 찾다

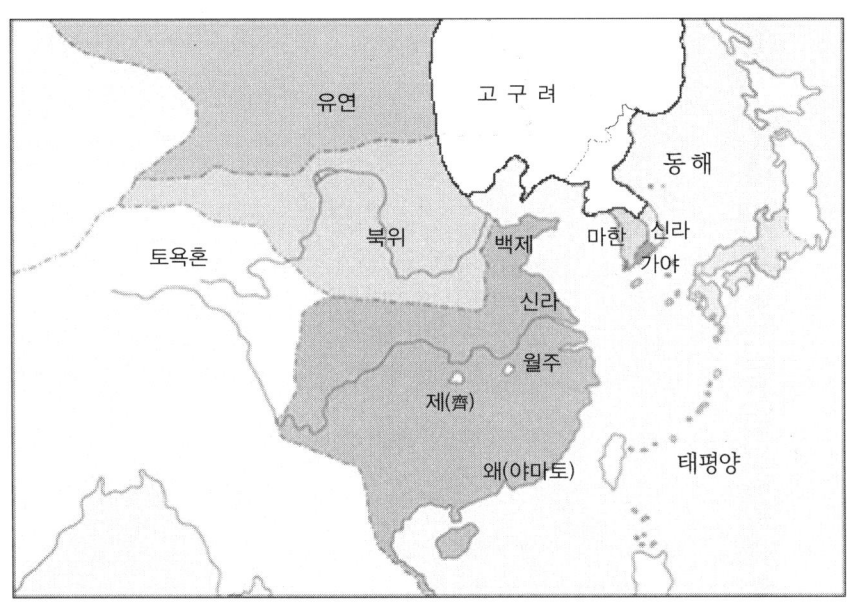

남북조시대 조두(鳥頭) 모양의 남조 영역과 백제

위의 지도는 5세기 초에서 말까지 중국의 남북조시대 때, 남조의 영역을 그린 지도이다. 커다란 새가 한반도를 노려보는 모습과 흡사하다. 지도에서 중국 동해안의 산둥반도는 새의 머리와 부리에 해당한다.

이 시대 남조에 있었던 국가는 송(宋, 420-478) → 제(齊, 479-502) → 양(梁, 502-557) → 진(陳, 557-589)으로 왕권이 바뀐다.

한편 5호 16국을 평정한 북위(北魏, 386-535)는 수도를 평성(平城, 현 다퉁)에서 뤄양으로 옮기고 천하를 얻고자 남진 중에 전쟁은 필연적이었다.

북방 기마족으로 구성된 당시 북위가 남조에 비해 호전적이었다.

이러한 상황에서 형성된 조두(鳥頭) 모양의 지도를 보면서, 국제 정세를 판단 해 보고자 한다.

이 상황에서 북위가 더 이상 남진할 수 없었던 이유가 무엇일까?

산둥반도에 적군을 둔 채 남쪽으로 깊숙이 내려갔다가, 후방으로부터 공격을 받게 되면 자국의 군대가 포위되어 궤멸될 수 있기 때문이다.

이런 형세라면 먼저 산둥반도부터 공략하여 평정해야 한다.

그런데 북위의 군대가 왜 산둥반도를 공략하지 못했을까?

백제와 북위의 전쟁을 기록한 중국 사서들이 있다.

『건강실록』[25])에 보면, '영명 2년(484년) 위로(魏虜, 위나라 오랑캐)가 백제를 정벌하여 백제왕 모도를 크게 격파하였다(永明二年 魏虜征之 大破百濟王牟都).' 이는 백제와 북위의 첫 번째 전투로서 북위가 공격한 것이고 백제가 패배한 것이다. 유소년이란 어린 나이에 즉위한 24대 동성왕으로서 재위 6년째의 일이다. 선왕들 즉 개로왕(21대)의 전사(475년), 문주왕(22대)의 시해(478년), 삼근왕(23대)의 시해(479년)로 이어진 백제의 국내 정세가 안정을 찾지 못하던 때이다.

이로부터 4년 후에 다시 북위와 백제의 전투가 있었다.

『삼국사기』〈백제본기〉 동성왕조 '10년(488년) 위(魏)나라가 병사를 보내 쳐들어왔으나 우리에게 패하였다(十年 魏遣兵來伐 爲我所敗).'

『자치통감[26])』 권136 제기2 세조 무황제 상지하 영명 6년(488년) 12월

---

25) 건강실록(建康實錄)은 지금의 중국 난징에 해당하는 건강(建康)의 역사와 지리를 기록한 20권의 편년체 역사서로, 당나라 시대 허숭(許嵩)이 편찬했다.

26) 북송(北宋)의 사마광(司馬光) 찬술. 유반(劉攽)·유서(劉恕)·범조우(范祖禹) 등이 편찬을 도왔다.

조에도 같은 기사가 있다. '위나라가 군사를 보내 백제를 공격했는데 백제에게 패하였다(魏遣兵擊百濟 爲百濟所敗)'

북위가 공격해 왔고 수비하는 중에 승리한 것으로 보인다. 모대(牟大, 동성왕)가 성인이 된 후의 일이며, 정권의 안정을 찾은 이후의 일이다.

백제에게 패한 북위가 다시 대군을 이끌고 백제를 침공한다.
『남제서』 58권 〈동남이열전〉 백제조에 보면, '이 해(490년) 위로가 또 기병 수십만 명을 내어 백제를 공격하여 국경에 들어왔다. 이에 모대는 장수 사법명, 찬수류, 해예곤, 목간나를 파견하여 군사를 거느리고 위로의 군사를 기습하여 크게 깨뜨렸다.(是歲 魏虜又發騎數十萬攻百濟 入其界 牟大 遣將沙法名·贊首流·解禮昆·木干那率衆襲擊虜軍 大破之)'

위나라는 기병 수십만을 동원하여 백제를 공격한 것이다. 반격에 나선 동성왕이 기습 반격으로 대승을 거둔다.

우리 국사계는 이러한 3차례 전쟁을 두고 해석하기를, 한반도의 웅진성(공주)에 있는 동성왕이 황해를 건너가서 전쟁을 지원하고 지도한 것으로 보고 있다. 현실적이지도 못하고 설득력도 없는 주장이다.

이 주장의 첫 번째 모순은 기병 수십만에 맞설 백제의 군대가 얼마나 많아야 하며, 어떻게 바다를 건너갔을까? 답하기가 막연하다.

전 294권. 고이(考異)와 목록(目錄)이 각 30권. 편년체(編年體)의 사서(史書). 주(周) 위열왕(威烈王) 23년(B.C.403)부터 후주(後周) 세종(世宗) 현덕(顯德) 6년(959년)까지의 일을 기록했다. 이 책은 1116년(예종 11) 7월에 김부식이 문한관으로서 추밀원 지주사(知奏事) 이자량(李資諒)을 따라 송나라에 사신으로 가서 6개월간 송나라 휘종(徽宗)의 융숭한 대접을 받았고 오는 길에 사마광(司馬光)의 『자치통감(資治通鑑)』 한 질을 가지고 왔다. 삼국사기 편찬에 도움이 되었을 것으로 본다.

두 번째 모순은 위나라는 기병을 주축으로 하여 공격의 속도가 빠른데, 백제 군사가 침공에 대비하여 바다를 신속하게 건너갈 수 있었을까?

세 번째 모순은 신속하게 바다를 건너갈 수 없는 일이라면 미리 가서 침공에 대비해야 하는데 6년(484-490년) 동안에 걸친 전쟁에서 동성왕이 한반도 웅진성과 조정을 비워 둬야 한다. 그동안 왕권을 어떻게 유지해야 하며, 군대 유지비는 어떻게 충당했을까?

이러한 모순으로 한반도 백제설은 성립할 수 없다. 백제는 산둥반도를 중심으로 존재했고 웅진성도 산둥반도에 있었다고 볼 수 있다.

9. 북위는 지난(濟南)과 지닝(濟寧) 라인을 넘지 못했다

동성왕은 북위와의 전쟁에서 대승(490년)한 지 4년이 지난 후(495년)에 표문을 지어 남제에 올렸다. 그 표문 속에 전과를 상세히 기록하면서, 전공자들에게 내린 관작을 인정해 달라고 주문하고 있다.

『남제서』 58권 〈동남이열전〉 백제조에 '건무 2년(495년)에 모대가 사신을 보내어 표문을 올려 말하기를 -중략- "지난 경오년(490년)에는 험윤(獫狁, 북위)이 잘못을 뉘우치지 않고 군사를 일으켜 깊숙이 쳐들어왔습니다. 신이 사법명 등을 보내어 군사를 거느리고 거꾸로 쳐서 밤에 번개처럼 기습 공격하니, 흉리가 당황하여 마치 바닷물이 들끓듯 붕괴 되었습니다. 말을 몰아 패주하는 적을 추격하여 베어 죽이니 그 시체가 평원을 붉게 물들이었습니다. 이로 말미암아 그 예기(銳氣)가 꺾이어 고래처럼 사납던 것이 그 흉포함을 감추었습니다. 지금 천하가 조용해진 것은 실상 사법명 등의 꾀이니 그 공훈을 찾아 마땅히 표창해 주어야 합니다. 이제 임시로 사법명을 행정로 장군 매라왕으로, 찬수류를 행안국 장군 벽중왕으로, 해예곤을 행무위 장군 불중후로 삼고, 목간나는 과거에 군공이 있는 데다 또 누선[臺舫]27)을 깨뜨렸으므로 행광위 장군 면중후로 삼았습니다. 부디 바라옵건대 천은을 베푸시어 특별히 관작을 주시기 바랍니

---

27) 누선(臺舫船, 대방선)은 춘추 전국 시대에 처음 등장한 군사용 선박으로 배에 높은 누각을 세운 형태이기 때문에 대규모 병사의 수송이 가능하다. 배의 특성상 해전을 벌이기는 적합하지 않지만, 남북조시대에는 대장선 등 주력 전투선으로 활용되었다고 본다.

다."라고 하였다. 또 표문에 올리기를 "신이 사신으로 보낸 행용양 장군 낙랑태수 겸 장사 신(臣) 모견, 행건무 장군 성양태수 겸 사마 신 왕무, 겸 삼군 행진위 장군 조선태수 신 장새, 행양무 장군 진명은 관직에 있어 사사로운 것을 잊어버리고 오로지 공무에만 힘써, 나라가 위태로운 것을 보면 목숨을 내던지고 어려운 일을 당해서는 자기 몸을 돌보지 않았습니다. 지금 신의 사신의 임무를 맡아 험한 파도를 무릅쓰고 바다를 건너 그의 지성을 다하고 있습니다. 실로 관직을 올려주어야 마땅하므로 각각 가행직에 임명하였습니다. 부디 바라옵건대 성조에서는 특별히 정식으로 관직을 제수하여 주십시오."라고 하였다. 이에 조서를 내려 허락함과 아울러 장군의 호를 내려주었다(建武二年 牟大遣使上表曰 -중략- 去庚午年 獫狁弗悛 擧兵深逼 臣遣沙法名等領軍逆討 宵襲霆擊 匈梨張惶 崩若海蕩 乘奔追斬 僵尸丹野. 由是摧其銳氣, 鯨暴韜凶. 今邦宇謐靜, 實名等之略, 尋其功勳, 宜在褒顯. 今假沙法名行征虜將軍邁羅王, 贊首流爲行安國將軍辟中王, 解禮昆爲行武威將軍弗中侯, 木干那前有軍功, 又拔臺舫, 爲行廣威將軍面中侯. 伏願天恩特愍聽除. 又表曰: 臣所遣行龍驤將軍樂浪太守兼長史臣慕遺, 行建武將軍城陽太守兼司馬臣王茂, 兼參軍行振武將軍朝鮮太守臣張塞, 行揚武將軍陳明, 在官忘私, 唯公是務, 見危授命, 蹈難弗顧. 今任臣使, 冒涉波險, 盡其至誠. 實宜進爵, 各假行署. 伏願聖朝特賜除正 詔可, 竝賜軍號).'

　동성왕이 이미 내린 관작을 남제에 인정해달라고 요구하는 배경에는 동성왕의 승리가 곧 남제의 안보에 직결되기 때문이다. 남북조의 대결 구도에서 조두(鳥頭) 모양이 된 것은 동성왕이 거느린 백제의 위치를 말해주고 있다고 본다.

이와 달리 국사학자들은 동성왕이 남제에 보낸 표문, '지금 신의 사신의 임무를 맡아 험한 파도를 무릅쓰고 바다를 건너 그의 지성을 다하고 있습니다(今任臣使 冒涉波險 盡其至誠)'를 두고 황해를 건너갔다고 주장한다. 이 기사를 가지고 백제의 한반도 존재를 기정사실로 믿고 해석한 것으로 본다.

필자는 이와 다르게 해석하고 싶다.

백제 도읍이 있는 산둥반도에서 양쯔강에 있는 남제의 도읍 건강(현 난징)에 가는 방법 중, 하나가 뱃길을 이용하는 것이다. 당시 백제가 육로를 이용하려면, 남쪽 장쑤성에는 신라와 가야국들이 있었다. 다음 고구려 편에서 밝히겠는데, 고구려가 중국의 양쯔강까지 깊숙이 영역을 넓히고 있던 때라 육로는 매우 위험하였다. 그밖에도 산도적들이 곳곳에 있어, 중요한 외교문서를 전달하기 위하여 가장 안전한 방법이 뱃길을 택한 것으로 본다.

사학계 중에는 백제의 사신이 황해를 건넌 것은, '북위의 군대가 (황해를 건너) 한반도의 웅진성을 침공'했기 때문이라고 주장하는 학자도 있다. 그 근거로, '목간나는 과거에 군공이 있는 데다 또 누선[臺舫]을 깨뜨렸으므로 행광위 장군 면중후로 삼았습니다(木干那前有軍功, 又拔臺舫, 爲行廣威將軍面中侯).'라는 구절이 증거라며 주장한다.

이런 주장에 대해, 첫 번째 모순은 북위가 남조를 공략하기 위해 전력을 다하는 마당에, 바다 건너 백제를 공격한다면 전력을 분산, 약화시키는 결과를 가져오게 되는데 그렇게도 할 일 없이 한반도를 공격할 할 이

유가 없다고 본다.

두 번째 모순은 북위가 유목 국가로서 전통적으로 수군에 약하다는 점이고, 보병이면 몰라도 말과 동승해야 하는 기병 수십만을 배에 실어 바다 건너 이동한다는 것은 거의 불가능한 일이다.

이 문구로 보아 북위는 수륙 양면 작전을 펼친 것 같다. 황하를 따라 뤄양에서 하구로 이동하여 백제의 배후 공격을 기획했던 것 같다. 누선[樓舫]은 공격선이 아니라 대장선을 말함인데, 누선을 깨뜨렸다는 기록은 황해를 건넜다는 것이 아니라 황하를 이용한 수륙 양면 작전이 있었다고 봐야 한다.

우리 사학계는 하루빨리 '한반도에 백제가 있었다'는 고정관념을 깨뜨리고 버려야 역사를 직시할 수 있을 것이다.

동성왕이 바다를 건너가서 산둥반도에 이른 것도 아니고, 북위의 기마병이 한반도의 웅진성을 침공한 것도 아니다. 동성왕은 중국 땅에 있는 백제에서 즉위한 것이고, 그곳에서 북위의 침공을 받아 전쟁을 수행하고 승리한 것이다.

그런데 북위의 막강한 수십만의 기병을 상대로 어떻게 승리할 수 있었는지 그것이 궁금하다. 또 전선(戰線)은 어디인지 알 수 있을까?

중국의 지도를 펼쳐놓고 병법(兵法)을 펼치는 차원에서 보면, 금방 감이 잡히는 지역이 보인다.

남북조의 대결 구도에서 조두(鳥頭)의 뒤통수에 해당하는 지난(濟南)과 지닝(濟寧)을 잇는 일직선을 지형지도에서 찾으면 평야지대와 산악지대로 구분되는 경계선이다. 이 구분선 중 어느 부분에서 북위 군사와 백제

군사가 대치했을 거라고 본다.

 북위가 산동반도의 백제 땅을 공격하기 전에 몇 가지 작전을 검토했을 것이다. 작전 ①은 황하를 넘어서 공격하는 방안이고, 작전 ②는 지난(濟南)과 지닝(濟寧)을 잇는 전선에서 웅진성과 가까운 지점을 통과하는 방안이고, 작전 ③은 지닝(濟寧) 남쪽에 있는 남양호(南陽湖) - 소양호(昭陽湖) - 휘산호(微山湖)를 돌아가서 공격하는 방안이고, 작전 ④는 육로 작전②와 황하의 수로(水路)를 이용하여 동시에 협공하는 방안을 검토했을 것이다.
 이중 ①의 노선은, 황하 북쪽이 백제 개로왕 전사 이후 고구려의 영역이 됐을 가능성과 황하를 넘으려면 수군(水軍)에 취약한 북위로서 주 공격로로 채택할 수 없었을 것이고, ②의 노선은, 기마병이 주력군인 북위로서 채택 가능한 방안이다. ③의 노선은, 3개의 호수가 이어진 130킬로미터를 돌아서 공격하려면 300여 킬로미터를 가야 하고 또 불의의 사고를 수습할 수 없어 채택에서 제외했을 것이다. ④의 방안은, 기마병이 육로로 침공하여 성공하면 좋고 그렇지 못하여 시간을 끄는 동안 황하 수로를 이용하여 백제의 후방을 공격하는 작전이다. 이는 이로부터 148년 전(AD342) 연나라 모용황이 고구려의 환도성을 공격할 때 사용했던 병법이다. 북위가 누선[樓舫]을 동원한 것으로 보아 ④의 방안을 채택하여 침공한 것 같다.

 동성왕이 보냈다는 표문의 내용 중에 '(백제 땅에) 깊숙이 쳐들어왔다.', '밤에 기습 공격했다.', '바닷물이 들끓듯 붕괴'되었고, '적을 추격하여 베어 죽였다.', '(선봉장) 사법명 등의 꾀'가 있다.

이를 감안해서 추론하면, '사법명 등의 꾀'로 볼 때 유능한 책사(策士)가 있었던 것 같다. '밤에 기습 공격'으로 일거에 '바닷물이 들끓듯 붕괴'시켰다면, 아마도 화공책(火攻策)을 썼을 것 같다.

남북조의 대결 구도에서 조두(鳥頭)의 뒤통수에 해당하는 지난(濟南)과 지닝(濟寧)을 잇는 일직선 지대는 산악지대로 건너가는 경계에 있으며, 작전 중 달라지는 것이 '말먹이' 공급이다. 평야 지대에서는 걱정하지 않아도 되는 말먹이를 산악지대에서는 건초로 대처해야 한다. 백제 동성왕은 평야 지대와 산악지대를 구분하는 경계선에서, 예상되는 진군로(進軍路)의 '말먹이'를 사전에 없애버렸을 것이고, 부대마다 뒤따르는 건초더미 수레를 주시했을 것이다. 머나먼 길을 행군하던 기마병들이 숙영하여 피곤한 잠을 자는 동안 바람이 불어오는 방향에서부터 불을 붙이면 삽시간에 건초더미를 태울 수 있었을 것이다.

불길에 놀란 말들이 고삐를 풀고 달아났을 것이고, 말을 잃은 기병은 갑자기 보병보다 못한 졸개가 된다. 북위의 진지는 '바닷물이 들끓듯 붕괴'되었고, 백제군은 '말을 몰아 패주하는 적을 추격하여 베어 죽이니 그 시체가 평원을 붉게 물들이는 것' 같았을 것이다.

10. 산둥반도에 남아있는 백제의 흔적

지난(濟南)과 지닝(濟寧)을 잇는 일직선, 어느 부분에서 북위의 군대가 궤멸되었다고 가정할 수 있다. 필자가 보기엔 지난(濟南)은 온조왕 때 한성백제의 남쪽 경계가 아닌가 한다.

그런데 필자의 시선을 끄는 지명은 지닝(濟寧)이다. 백제와 함께하여 안녕(寧)하다는 의미가 담긴 지명이다. 아마도 490년 북위의 수십만 기병의 침공을 막아내어 안보 면에서 안녕을 보장했다 하여 붙여진 이름이 아닐까 한다.

이렇게 보면, 북위의 침공 코스가 지난과 지닝의 일직선 중 지닝 쪽이라 본다. 지닝 쪽이라면 지닝 넘어 동쪽으로 웅진성이 있다는 추측이 가능하다.

단서 (5)를 찾아서 산둥반도 서부, 즉 지난(濟南)과 지닝(濟寧)을 잇는 일직선 중에 전쟁 장비가 전시되어 관광 상품으로 한몫하는 고성(古城)이 있다.

황하 가까이에 동평호(東平湖, E116°10′ N36°)가 있는데, 동평수호허영시성(東平水滸影視城)이 이 호수 동편에 있다. 필자는 이곳이 근초고왕 때 도읍을 옮긴 한성이 아닌가 한다.

수호영시성 정문(출처; 광화세계)

건축 양식이 한반도의 건축 양식과 많이 닮았다. 한눈에 정다움을 느끼게 한다. 지붕 선이 중국의 전통적인 건축 양식과 다르다.

이 성을 중심으로 하여 동경 115°30′-117°30′, 북위 35°-37°30′ 범위 안에 옛날 나라 이름으로 보이는 지명들이 아직도 남아있다.

수호영시성 내에 전시된 전차

우선 눈에 띄는 것이 노권둔(魯權屯), 장노집(長魯集), 남노집(南魯集), 왕노(王魯)들이다. 태산(泰山)의 동쪽에 노산(魯山, 1108m)이 있고, 그 남쪽 기슭에 노촌(魯村)이 있다. 이들은 모두 노(魯)나라의 옛 지명으로 보인다. 노(魯, BC1046-BC256)나라 도읍지로 보는 지금의 취푸(曲阜)시도 그 이웃에 있다.

제(齊, BC1046-BC221)의 옛 지명으로 보이는 제하(齊河)라는 도시도 있다. 지난(濟南)에서 황하를 건너 북쪽에 있으며, 제나라의 도읍지, 임치(臨淄)나 치박(淄博)시와 멀지 않다. 이곳에서 동쪽으로 좀 멀리 떨어진 곳에 제산(齊山, E120°20′ N37°20′)도 있다. 제나라와 관련이 있는 지명으로 보인다.

다음으로 눈에 띄는 지명들이 있다. 지난(濟南), 지양(濟陽), 지닝(濟寧)에는 제(濟)자가 공통으로 붙어있다. 백제(百濟)의 제(濟)로 봐야 할 것 같다. 왜냐하면 이미 제(齊)나라, 노(魯)나라 관련 지명이 있는 곳이기 때문이다. 또 하나 앞에서 언급했듯이 북위와 백제가 전투를 벌인 곳이기 때문에 백제의 도읍 웅진성은 이곳, 산동성에 있었다고 보는 것이다.

이와 연관하여 또 하나 연구하고 탐색할 과제가 있다. 제(濟)자를 사용하는 지명이 산동성과 맞닿아 있는 하남성에도 있는데, 제원시(濟源市, E112°34′ N35°6′)가 있고, 성정부(省政府)가 있는 정주(鄭州)에 혜제구(惠濟區, E113°35′ N34°54′)가 있다. 특히 혜제구(惠濟區)는 숭산(崇山, E113° N34°33′)과 110킬로미터 거리에 있다. 필자는 개로왕(21대)이 '하수(河水)를 따라 제방을 설치한 곳이 사성(蛇城) 동쪽에서부터 숭산(崇山) 북쪽까지 이른다.' 했는데, 시작점 사성(蛇城)이 혜제구와 가까운 곳이 아닌가 한다.

단서 (6)을 찾아서 동성왕의 시해 사건을 다시 들여다본다. 왕을 시해한 좌평 백가의 목을 베어 백강(白江)에 던졌다는 그곳이 어디인가?

눈에 번쩍 뜨이는 지명이 있다. 산둥성 곡부(시) 주변을 동에서 서쪽으로 흐르다가 다시 서남쪽으로 흘러내려 남양호(南陽湖)로 들어가는 사하(泗河)가 있다. 옛날에는 이 강의 중·하류를 백마하(白馬河)라 했다. 강어귀에 마파(馬坡)라는 소도시가 있다.

지도상에서 찾는다면 산둥성의 지닝(濟寧, E116°40′ N35°25′)과 추성시(鄒城市, E117° N35°25′) 사이에 있는 평양사(平壤寺) 옆을 흘러가며 강어귀에는 마파(馬坡, E116°45′ N35°10′)라는 작은 도시가 있다. 추성시는 옛날 추현(鄒縣)으로 그 동남쪽에 추역산(鄒嶧山)이 있으며, 그 산 동남쪽에 암마호수[岩馬水庫]가 있는 곳이다.

필자가 이곳에 관심을 집중하는 이유는 첫째 동성왕을 시해한 좌평 백가가 가림성(加林城)을 거점으로 반란을 일으키자, 무령왕이 병사를 거느리고 우두성(牛頭城)에 이르러 한솔 해명(解明)을 시켜 토벌하였고, 백가가 나와서 항복하자 임금이 백가의 목을 베어 백강(白江)에 던졌다는 기록이 있다.

둘째는 앞서 살폈던 단서 (2)와 같이, 근초고왕이 천도했다는 한성이 있었을 것으로 보이는 동평(東平)에서 남쪽으로 멀지 않은 곳이기 때문이다.

백제의 수도 웅진성이 이곳 백마하(白馬河) 강변에 있지 않을까 하는 한 가닥의 실낱같은 희망이 있다. 구체적으로 현장에서 웅진성의 위치를 찾는 일은 후학에게 기대한다. 산둥반도 남쪽 안휘성(安徽省)에 신라가 있었다. 웅진성이 산둥반도 백마하에 있다고 가정할 때, 『통전』에서 '백제는 남쪽으로 신라에 닿았다'고 한 기록과도 부합된다.

11. 여섯 번째 도읍 사비성의 그림자를 쫓아가다

　백제의 도읍과 관련하여, 『삼국사기』〈백제본기〉에서 찾아보면, 526년 성왕 '4년 겨울 10월에 웅진성(熊津城)을 보수하고 사정책(沙井柵)을 세웠다(四年冬十月 修葺熊津城 立沙井柵).'는 기록이 있다. 사정책의 책(柵)은 본래 '우리(울타리)'를 경계 짓는 목책(木柵)에서 출발했는데 안보의 방어선 구축28)으로 봐야 한다. 웅진성 방어의 보조 수단으로 보인다.

　이때 성왕은 웅진성이 있지 않았다고 본다. 웅진성을 보수했다는 것은 방어기능이 취약했다는 것이고, 사정책을 세우면서 방어책을 강화한 것으로 본다. 곧이어 성왕은 도읍을 옮기는 준비를 해서 '16년(538년) 봄에 서울을 사비(泗沘 또는 所夫里)로 옮기고 나라 이름을 남부여(南扶餘)라고 했다(十六年春 移都於泗沘 一名所夫里 國號南扶餘).' 성왕은 사비성으로 천도하기 전에 어디에 있었을까? 성왕은 천도만 한 것이 아니라 나라 이름도 바꾼 것이다. 정확히 말하면 백제라는 나라는 이 시점(BC18-AD538)에서 없어진 것이다.

　현대 국사학계가 설정한 백제의 시대 구분을 보면, 한성 시대(BC18-AD475) 493년, 웅진 시대(475-538년) 64년, 사비 시대(538-660년) 123년이다.

---

28) 온조왕 8년(BC11)에 마수성(馬首城)을 쌓고 병산책(瓶山柵)이라는 성책(城柵)을 세운 일이 있고, 11년(BC8)에 독산(獨山)과 구천(狗川) 두 성책을 쌓았고, 24년(6)에는 웅천책(熊川柵)을 세웠다가 마한왕의 책망으로 허문 일이 있다. 사정책(沙井柵)은 웅진성을 지키는 성책으로 본다.

남부여를 백제로 보고 있는 것이다. 아마도 『삼국사기』를 편찬한 김부식이 '성왕 이후 마지막 의자왕까지'를 〈백제본기〉에 묶어놓았기 때문으로 본다. 이와 같은 국사학계의 시대 구분은 수도(도읍)를 중심으로 한 것이다. 한성 시대 493년에는 위례성 시대 13년과 2곳의 한성이 포함되어 있는 것이다.

필자가 찾는 것은 우선 사비성의 위치이다.
사비성(泗沘城)이라는 세 글자가 온전히 남아있을 거라고는 기대하지 않지만 그래도 백제의 흔적과 연관이 있기를 바라고 있었다.
'물 이름 사(泗)'를 쓰는 지명은 산둥반도에서도 찾을 수 있다.
노나라 도읍이자 공자의 고향인 곡부(曲阜) 부근에 '사하(泗河)'라는 물줄기가 남양호로 흘러 들어간다. 곡부 동쪽 사하 변에 '사수(泗水)'와 '사장(泗張)'이라는 작은 도시가 있고, 곡부 서북쪽에 '사점(泗店)'이라는 지명도 있다. 앞에서 백제와 북위의 전투를 예상하여 필자가 선정한 동경 115°30´-117°30´, 북위 35°-37°30´ 범위 안에 노나라, 제나라와 연관된 지명만 있는 것이 아니라 '사(泗)'자 관련 지명도 있다.
그런데 이곳은 신라와 국경을 접하지 않아 충돌이 없을 지역이다. 또 이 지역은 백제가 북위와 전투를 했던 지역과 가깝고 또 한성과도 가까이 있어서 천도할 명분이 없을 것이다.

이와 다른 지역에서 '물 이름 사(泗)'를 쓰는 지명이 있는지 찾아보았다. 현 중국 안후이성(安徽省)과 장쑤성(江蘇省) 접경지역에 '사현(泗縣, E117°50´ N33°30´)'이라는 도시가 있다. 그런데 놀랍게도 옛 이름이 '사성(泗

城)'이라 한다. 여기에 '강 이름 비(沘)만 끼워 넣으면 사비성과 다름없다.' 실제로 사성(泗縣) 양쪽으로 신변하(新汴河)와 신수하(新濉河)라는 강(沘)이 흐르고 있다. 해양세력인 백제에게 강물은 통로가 되지만 기마세력인 고구려군에게는 방어선이 될 수 있다. 성왕은 물이름 사(泗)와 강이름 비(沘)의 지세를 안보의 방어선으로 보았을 것이다.

필자는 이곳이 옛날 사비성이 아닌가 하는 한 가닥 희망과 기대를 걸고 있다.

이곳 사현(泗縣)에서 동쪽으로 30킬로미터 떨어진 곳에 사홍(泗洪)이라는 지명이 있다. 옛 이름은 청양(靑陽)이라 한다. 한반도에도 청양(靑陽)이 있는데 부여(사비성 비정)에서 서북쪽으로 30킬로미터 떨어진 곳이다. 떨어져 있는 거리가 놀랍게도 우연의 일치다.

옛날 '사성'을 사비성으로 볼 때 '사홍(청양)'은 도읍(사비성)으로 들어가기 전 앞마당 격인 저잣거리로 보이는 곳이다.

사홍에서 동북쪽으로 45킬로미터 떨어진 곳에 사양(泗陽)이라는 소도시가 있다. 이들 지역이 안휘성에 근거를 두고 있는 신라와 인접해 있다는 점이다.

필자가 사성을 사비성으로 보는 이유가 첫째, 명칭과 지형으로 볼 때 유사성이 있다는 점이고 둘째, 신라와 인접하여 다툼이 발생할 가능성이 높다는 점이다. 실제로 사비로 천도한 후 16년째 성왕은 신라의 국경 수비대 복병에 걸려 전사했다.

이런 점을 종합하여 볼 때 사성(泗城)이 사비성(泗沘城)이 아닐까 하는 기대를 갖고 있다. 확인하는 일을 후학에게 넘길 수밖에 없다. 무거운 짐이라고 생각하며, 이 또한 역사학도로서의 사명이 아닌가 한다.

성왕은 왜 사비성으로 천도를 한 것일까?

첫 번째로 웅진성은 홍수의 피해가 있어 도읍으로 적합하지 않다는 가설을 제기할 수 있다. 동성왕 13년(491년) 물난리가 있었다. 웅천(熊川) 물이 범람으로 '200여 호를 떠내려 보내거나 가라앉혔다'는 기록이 있다. 도읍으로 적합성이 부족하다는 가설로 상정할 만하다. 그런데 홍수 직후라면 몰라도 그로부터 47년이 지난 후, 538년에 갑자기 천도했다는 점은 쉽게 설명하기 어렵다.

이와 관련하여 한반도의 웅진성(공산성, 公山城)은 강 건너보다 지대가 높은 공산(公山)지역으로 홍수 피해가 없는 곳이다. 한반도라면 이 가설은 제기할 필요가 없다.

두 번째로 웅진성이 수도로서 낡고 협소하여 천도했다는 가설을 제기할 수 있다. 성왕이 천도할 무렵 중앙의 22부(部), 지방의 5부(部)·5방(方) 제도가 갖추어져 있다[29]고 보면, 가능한 가설로 볼 수 있다.

다만, 〈백제본기〉 526년 기사로 보아 (성)왕은 웅진성에 있지 않았다고 보여 설득력이 떨어진다. 앞에서 말한 성왕은 '4년 겨울 10월에 웅진성(熊津城)을 보수하고 사정책(沙井柵)을 세웠다(四年冬十月 修葺熊津城 立沙井柵).'는 기록인데, 궁궐을 수리한 것이 아니라 성을 수리한 것이다. 다시 말해 웅진성을 도읍의 방비로 수리한 것이 아니라 군사 방어의 필요성에서 수리한 것이다.

세 번째는 사비 주변에 사씨(沙氏) 세력들의 지지가 있었을 것으로 보

---

29) 이기백, 『한국사신론』, 일조각, 1972. p.66.

아 사씨 세력이 주도했다고 보는 설이다. 웅진성으로 천도하는 혼란한 시기를 틈타서 진씨(眞氏)를 대신하여 등장한 해씨(解氏)의 전횡이 심하였던 것은 사실이다. 그러나 동성왕 때에는 해씨가 이미 몰락하였고[30] 신라와 국혼까지 하는 마당에 다시 사씨 세력이 주도하였다는 가설은 설득력이 부족하다. 성왕이 지세를 감안하여 도읍지를 정했을 텐데 그곳에 사씨들이 미리 살고 있었다는 것도 말이 안 된다. 사비성 천도 후에 사씨 세력이 주도권을 잡을 수는 있는 일이다. 그런 상황을 가지고 원인과 결과를 혼동할 수는 없는 일이다.

네 번째 국호 변경에 따른 개혁 조치로 보는 설을 제기한다. 성왕이 국호를 남부여(南扶餘)라고 변경하면서 천도한 것을 보면, 피치 못할 천도가 아니라 주도적, 계획적 천도라고 본다. 국호를 왜 변경했는지 살펴야 답을 구할 수 있다고 본다.

---

30) 상게서. p.66.

12. 무령왕은 웅진 백제가 아니라 월주 백제의 왕이다

성왕은 왜 국호를 바꿨을까?

천도는 필요에 따라 할 수 있는 일이지만 국호는 역성혁명이 아니면 함부로 바꿀 수 없는 일이다.

국호를 바꾼 사유를 찾고, 천도한 이유를 찾는 것은 사비 시대(538-660년) 출발의 원인을 밝히는 일이 될 것이다. 왜냐하면 모든 일은 원인에 따른 인과관계가 뚜렷하기 때문이다. 그러나 원인을 찾을 수 없으니 결과를 가지고 역추적할 수밖에 없다.

필자가 보는 원인과 결과의 인과관계란 사비성 천도로 인한 두 나라 도읍이 가까워짐으로써 발생할 수 있는 나쁜 결과를 말한다. 다시 말해 나쁜 결과(전투)를 초래했다면 두 나라의 도읍이 가까운 데서 기인했다고 보는 것이다. 이러한 설정은 안후이성(安徽城)에 터를 잡은 신라와, 같은 안후이성으로 옮겨간 도성, 즉 사비성의 위치를 간접적으로 증명하고자 함이다.

사비 천도의 첫째 결과는 성왕의 전사를 가져온 것이다. 신라와 백제의 도읍, 두 나라 왕이 거처하는 곳의 간격이 줄어들어 불편을 느끼지만, 애써 국혼[31] 관계를 유지하면서 내심 평온을 유지한 것 같다. 그러나 국경분쟁으로 결국 성왕이 전사로 이어졌다. 성왕이 그리던 원대한 그림도

---

31) 성왕 31년(553년) 겨울 10월에 왕녀를 신라에 시집보냈다.

사라지게 된다.

둘째, 천도의 결과는 성왕의 죽음으로 끝나지 않고, 신라와 인접해 있다 보니 백제 의자왕까지 전투가 계속 이어지는 결과를 초래하게 된다.

셋째, 천도의 결과는 백제가 여제동맹을 맺었고, 위기의식을 느낀 신라가 나당동맹을 결성함으로써 백제는 급기야 멸망의 길로 접어들게 되었다.

이 모든 결과가 성왕의 사비성 천도에서 비롯된 것으로 본다.

사비성 천도보다 더 궁금한 것이 국호 변경이다.

그 이유와 목적이 무엇일까?

무령왕릉의 비밀을 풀면서 실마리가 풀렸다.

무령왕릉 발견(1971년) 및 발굴 결과는 학계를 비롯해 국사를 아는 일반 시민들에게도 커다란 충격을 주었다.

우선 벽돌로 쌓아놓은 가림벽(폐쇄 전돌)을 허물면서 나타난 표지석 내용이 우리가 배운 백제 역사의 상식을 허물게 했다.

무덤의 주인을 알려주는 왕의 지석(세로 35.2㎝, 가로 41.5㎝, 두께 4㎝)에, '영동대장군 백제사마왕이 62세 되는 계묘년(523년) 5월 7일 임진 날에 돌아가셔서 을사년(525년) 8월 12일 갑신 날에 이르러 대묘에 예를 갖추어 안장하고 이와 같이 기록한다(寧東大將軍 百濟斯麻王 年六十二歲 癸卯年五月 丙戌朔 七日壬辰崩 到乙巳年八月 癸酉朔 十二日甲申 安登冠大墓 立志如左)'하여 무령왕릉임을 분명히 했다.

그런데 연령을 계산해 본 결과 전 왕(동성왕)보다 먼저 태어난 것이다. 정말 놀라운 일이다. 『삼국사기』〈백제본기〉에는 모대(동성)왕의 둘째 아

들로 기록되어 있다. 역사 기록이 일부 잘못된 것이 밝혀졌다.

그 옆에 놓인 왕비의 지석(세로 35.5㎝, 가로 41.3㎝, 두께 4.8㎝)에는 '병오년(526년) 12월 백제왕대비가 수를 다해 돌아가시니 서쪽 땅에 빈장으로 모셨다가 기유년(529년) 2월 12일에 개장하여 다시 대묘에 안치했다(丙午年十二月 百濟國王大妃壽復終居喪在西地 己酉年二月癸未朔十二日甲午 改葬還大墓立)'는데, 서쪽 땅이 어디인가에 논란이 다시 생겼다.

종(終)이란 526년에 왕비가 죽고, 529년에 무령왕 봉분에 합장하기 위해 3년 동안의 빈장(殯葬)을 마쳤다는 기록으로 국사학계는 해석하고 있다. 필자도 이에 동의한다. 그런데 서쪽 땅에서 상을 마쳤다는 기록 때문에 임종 전에 서쪽 땅에서 거주하였지 않았나 하는 의문이 일었고, 이를 둘러싼 논란의 실마리가 풀리지 않고 있다.

서쪽 땅에서 상을 마치고(終 居喪在西地)의 '서쪽 땅'에 대하여 국사학계에서는 공주 정지산 유적지(사적 제474호)를 지목하고 있다. 이곳은 빈장(殯葬)을 치르기 위해 빈전(殯殿)을 마련했던 곳이라 한다. 서쪽 땅에 대한 논란을 차단하기 위해 국사학계가 눈물겹도록 변호하는 주장이다.

이에 대해 필자는 서쪽 땅이 빈장터가 아니고 중국대륙임을 분명히 했다.[32]

다음으로 주목할 대목은 무령왕릉 지석(誌石)의 내용 중에 묘지 매입권에 대한 기록 역시 풀리지 않은 의문으로 남아있다.

'전일만문(錢一萬文)의 우건(右件)에 대하여 을사년 8월 12일 영동대장군 백제 사마왕은 전건(前其件)의 전(錢)으로 토왕과 토백 토부모 상하중관에

---

32) 오운홍, 전게서. p.124.

게 이천석을 주고 신지(땅)를 사 묘를 만들고 권(券)을 작성하노니 앞으로 이 토지에 관해서는 율령에 따르지 않을 것임을 명백히 해둔다.(錢日万文 右一件 乙巳年八月十二日 寧東大將軍百濟斯麻王以前件錢訟 土王土伯土父母上下衆官二千石 買申地爲墓故立券爲明不從律令)'

현대적으로 해석하면, '을사년(525년) 8월 12일에 백제 사마왕(무령왕)은 돈(錢) 이천석을 주고 신지(申地 땅)를 사서 묘를 만들고 토지매입권(土地買入券, 부동산등기부)을 작성하니, 이곳 법령이 이 땅을 좌우할 수 없다'는 권리 행사 표시이다.

무령왕이 이천석이란 돈을 주고 토지를 샀다는 것은 무령왕의 묘지가 있는 이곳(공주)이 백제 땅이 아니라는 이야기가 된다. 지석에 표시된 토왕, 토백, 토부모 상하중관에서 '토왕은 이곳을 다스리는 왕국의 왕을 말하고, 토백은 이 지역을 관장하는 지역 책임자이며, 토부모는 땅 주인이고, 상하중관은 이 지역의 행정 관료'를 뜻한다.

그런데 묘지를 쓴 이 땅이 어디인가?

공산성(웅진성)에서 불과 1-2킬로미터 떨어져 있다. 묘터가 무령왕의 도읍지 안에 있다. 말하자면 안방에서 볼 때, 대문 안마당에 해당한다. 자기 집 마당에 땅을 파면서 별도의 부동산 등기를 하는 정신 나간 사람이 있을까?

이 지역은 백제 땅이 분명 아니다.

백제 땅이라면 왕이 돈을 주고 토지매입권을 작성할 이유가 없다.

무령왕이 돈을 주고 땅을 사야 할 정도이면 다른 나라의 영토가 분명하다.

백제는 이곳, 충남지역에 없었다고 봐야 제정신을 가진 사람이다.

무령왕이 남의 나라 땅에 와서 묻힌 것이라면 특별한 사연이 있을 것이다.

성급한 독자들이 필자에게 질문할 것 같다.

웅진성(공산성 비정)이 있는 충청남도 땅이 백제 땅이 아니라면 그 당시 어느 나라 누구의 땅이냐고 필자의 주장에 반문할 것이다.

의문의 열기가 식지 않은 독자들의 심정을 헤아려, 우선 그 땅이 마한 땅일 것이라는 가설을 제기한다. 다음 마한 편에서 다루기로 하겠다.

곁가지로 빠지지 말고 역사의 줄기를 따라가 보자.

필자도 독자와 마찬가지로 의문과 질문이 많다.

무령왕과 무령왕비가 한반도 서쪽 땅에서 왔다면 그곳이 어디일까?

『삼국사기』〈백제본기〉의 무령왕 조와 성왕 조에서 무령왕의 도읍지를 찾을만한 단서가 없다.

단 하나, 무령왕 21년(521년) '12월 양나라 고조(高祖)는 왕에게 조서를 보내 책봉하여 말했다. "행도독백제제군사진동대장군백제왕(行都督百濟諸軍事鎭東大將軍百濟王) 여륭(餘隆)은 바다 밖을 지키며, 멀리 와서 조공을 바치고 그 정성이 지극함에 이르니 짐은 이를 가상히 여긴다. 마땅히 옛 법에 따라 이 영예로운 책명을 수여하여 사지절도독백제제군사영동대장군(使持節都督百濟諸軍事寧東大將軍)으로 삼는다."(十二月 高祖詔冊王曰 行都督百濟諸軍事鎭東大將軍百濟王餘隆 守藩海外 遠修貢職 迺誠款到 朕有嘉焉 宜率舊章 授玆榮命 可使持節都督百濟諸軍事寧東大將軍)'고 했다.

이 기사에서 첨예한 대립을 불러일으키는 기사는 '守藩海外'이다. 이를 해석함에 있어 '번신의 의무를 해외에서 지켰다'고 해석하는 학자가 있고, 필자는 '바다 밖을 지키고 울타리가 되어 주었다'고 본다. 전자의 해석은 다분히 바다 건너 한반도에 백제가 있었다는 전제 아래 해석한 것이라 본다. 이와 같은 필자의 해석, 즉 '바다 밖을 지켜 울타리가 됐다(守藩海外)에 근거하여 무령왕의 왕도가 양나라 동쪽 해안에 있었다고 추정할 수 있다.

'영동대장군'이라는 작호는 무령왕릉 묘지석에도 있다.
'영남대장군(寧南大將軍)'이 아니라 '영동대장군(寧東大將軍)'이다. 양나라 동쪽 지역의 안녕에 기여했다는 선린외교의 일면을 볼 수 있다. 바다 건너 한반도의 백제라면 '영동북대장군(寧東北大將軍)'이라 해야 한다.
중국에서 주어지는 작호는 아무에게나 주어지는 것이 아니다. 31명의 백제왕들 중에 작호를 받은 왕은 근초고왕이나 동성왕, 성왕, 위덕왕 등이 보인다. 한반도에서 중국 대륙과 교류를 했다고 주어지는 작호가 아니라 국경을 접하고 있는 강대국이 주변국과 원활하게 지내는 선린외교정책의 하나라고 본다.

다음으로 눈이 띄는 부분이 노잣돈이다. 왕과 왕비의 저승길은 일상생활의 연장으로 생각하기 때문에 동이(東夷)의 풍속대로 관 속에 노잣돈을 넣는다. 그 노잣돈이 양나라와 그 이웃에서 사용하던 양나라 화폐 오수전이다. 그들은 어디에서 생활하던 사람인가? 무령왕과 왕비가 양나라 경제 구역에 살았다는 흔적이다.
당시 웅진 백제(?)의 지배층이 같은 화폐를 사용했다면 오수전이 단 몇

개라도 한반도 공주 지역에서 발굴됐어야 한다. 이것으로 당시 한반도(공주)지역이 아닌 다른 이국(異國)에서 살았던 행적이라 할 수 있다.

또 있다. 무령왕릉에서 출토된 화려한 유물은 하나같이 양나라와 그 인접의 대륙 문화의 산물이다. 양나라 도자기로 보이는 청자육이호, 흑갈유장경사이병 등이 있지만, 결정적 증거는 글자가 새겨진 용 장식의 은제 팔찌다. 왕비의 왼쪽 손목 부분에서 발견되었다. 팔찌 안쪽에는 만든 때와 만든 사람의 이름, 팔찌의 주인 등 제작 연유에 대한 글씨가 세로 방향으로 새겨 있다.

그 내용은 '경자년(更子年, AD520) 2월, 다리(多利)라는 사람이 대부인(大夫人) 즉 왕비를 위하여 230주이를 들여 만들었다'는 기록이다. 여기서 230주이는 금과 은의 무게 단위로 추정된다. 국립공주박물관 해설에 의하면, 제작자 '다리(多利)'는 양나라 때 금은(金銀) 세공의 장인(匠人) 이름이다. 왕비를 위해 특별히 주문 제작한 것이다. 한반도에서 수입한 명품이라면, 팔찌에 명문을 새겨넣을 수 없는 일이다.

이쯤 되면, 무령왕릉이라는 한정된 공간에 전개된 문화는 중국 양나라와 그 이웃 문화라 할 수 있다.

하나 더 있다. 무령왕과 왕비 관(棺)의 재질을 분석한 결과 저장성 태주(台州)에서 생산되는 금송으로 만들어졌다는 주장이 있다.

양나라가 어디 있었을까? 양나라의 수도 건강은 지금의 난징(南京)이다. 양나라의 동쪽 땅이 어디인가? 아마도 지금의 상하이(上海)와 저장성(浙江省)으로 보인다.

무령왕이 상하이와 저장성(浙江省)과 무슨 연관이 있는 걸까?

월주 백제의 위치가 양나라의 동쪽 해안이라 한다. 양나라의 화폐를 사용했고, 양나라 금은 세공의 장인 '다리(多利)'가 치수를 재어 제작했다. 태주산(台州産) 소나무로 만든 관을 사용했는데, 태주는 저장성 초강(椒江) 어귀에 있다. 이와 같은 일들이 가능한 이곳에 대해, 한반도 공주 무령왕릉에서 볼 때 서쪽 땅이 되는 셈이다.

중국 문헌에서는 이곳을 월주(越州)라고 한다. 그리고 『구당서』[33]에서 월주 백제의 존재를 밝히고 있다.

---

[33] 『삼국사기』 제37권 잡지(雜志) 제6에 보면, 중국의 사서들이 백제의 지리(地理)를 언급할 때, 『구당서』를 인용하였다.

13. 성왕은 남천(南遷)이 아니라 월주에서 북천한 것이다

백제 사비성은 엄밀히 말해 다섯 번째 성(城)이 아니라 웅진(백제)에서 월주(백제)를 거쳐 갔으니 백제의 여섯 번째 성(城)이라 해야 할 것 같다. 월주 이곳의 묘제도 무령왕릉의 양식과 같다.

"중국 양쯔강 이남에 가보면 무령왕릉과 꼭 같은 양나라의 묘제가 많이 있다. 고차원의 건축 기술이 양나라에 있었고, 그 이웃의 백제도 공유하고 있었었다고 추정할 만한 유적이 지금도 중국 월주 지역에 남아 있다."고 임승국 교수가 국회에서 증언했듯이 무령왕 당시 백제는 양나라 이웃에서 같은 문화를 공유하고 있었다고 본다.

무령왕이 월주 백제의 왕이라면 동성왕 시해 사건 관련 의문도 자연스레 풀린다.

『삼국사기』〈백제본기〉 무령왕 편에, 동성왕의 서거에 무령왕이 발 빠르게 대응했다는 기록이 있다.

'모대왕이 재위 23년에 돌아가시자 그(사마)가 왕위에 올랐다. 봄 정월, 좌평 백가가 가림성(加林城)을 거점으로 반란을 일으키니 임금(무령왕)이 병사를 거느리고 우두성(牛頭城)에 이르러 한솔 해명(解明)을 시켜 토벌하게 하였다. 백가가 나와서 항복하자 임금이 백가의 목을 베어 백강(白江)에 던졌다.'

(牟大在位二十三年薨 卽位 春正月 佐平苩加 據加林城叛 王帥兵馬 至牛頭城 命扞率 解明討之 苩加出降 王斬之 投於白江)

이 일을 두고, 현대 사학자 중에는 반란자 백가가 너무 쉽게 투항한 것은 '뒤를 봐주는 어떤 세력이 있어서가 아니냐'며 무령왕의 배후설을 제기하는 학자도 있다. 그리고 무령왕이 투항한 백가(苩加)가 이실직고할 틈도 주지 않고 재빨리 처형하여 입막음했다는 거다. 다시 말해 동성왕 시해 사건에 무령왕도 관련이 있다고 보는 '왕위 찬탈' 주장의 근거다.

이에 대해 필자는 무령왕이 백가를 진압한 것을 '왕위 찬탈'이 아니라고 본다. 웅진 백제의 동성왕의 '왕권 수호'를 위해, 멀리 있는 백제의 담로국 중 하나인 월주에서 무령왕이 나선 것이므로 왕위 찬탈로 볼 수 없다34)고 주장한 바 있다.

〈양직공도(梁職貢圖)35)〉의 '백제사신도를 설명하는 글'(아래 그림 참조)에 보면, '양나라 초에 부여태(동성왕)가 정동장군을 제수 받았다. 얼마 뒤 고구려를 격파했다. 보통(普通) 2년(521년)에 부여융(무령왕)이 사신을 파견하여 표문을 올려 여러 번 고구려를 무찔렀다고 했다. 백제는 도성을 고마(固麻)36)라 하고 읍을 담로라 하는데 이는 중국의 군현과 같은 말이다. 그 나라에는 22담로가 있는데, 모두 왕의 자제와 종족에게 나누어 다스리게 했다(梁初以太 除征東將軍, 尋爲高句驪所破, 普通二年, 其王餘隆 遣使奉表云, 累

---

34) 상게서. p.133.
35) 526~536년 무렵 양나라에 파견된 외국인 사절을 그림으로 그려 해설한 것이다. 현재 중국의 남경박물원(南京博物院)에 소장되어 있다.
36) 도성(도읍) 고마(固麻)는 동이어로 '곰'이다. 고마 = 곰 = 웅(熊) → 웅진(熊津)으로 연결 지을 수 있다.

破高麗, 號所治城曰固麻, 謂邑檐魯 於中國郡縣 有二十二檐魯, 分子弟宗族爲之)'.

이 그림의 주인공은 무령왕 21년(521년) '겨울 11월에 사신을 양나라에 보내어 조공했다.'는 〈백제본기〉 기사의 사신으로 본다. 무령왕이 즉위한 지 20년이 지난 때인데, 오래전에 피살된 동성왕을 거명하면서 동시에 백제의 22담로(국)를 소개했다. 이는 동성왕까지 이어진 백제의 종주국 위상을 무령왕이 이어갔음과 22담로 체제를 인정한 것으로 볼 수 있다. 필자가 보기엔 담로국 월주 백제가 백제의 종주국 지위를 이어받음과 동시에 웅진 백제는 담로국 수준으로 돌아가 담로국 수에는 변함이 없었을 것으로 본다.

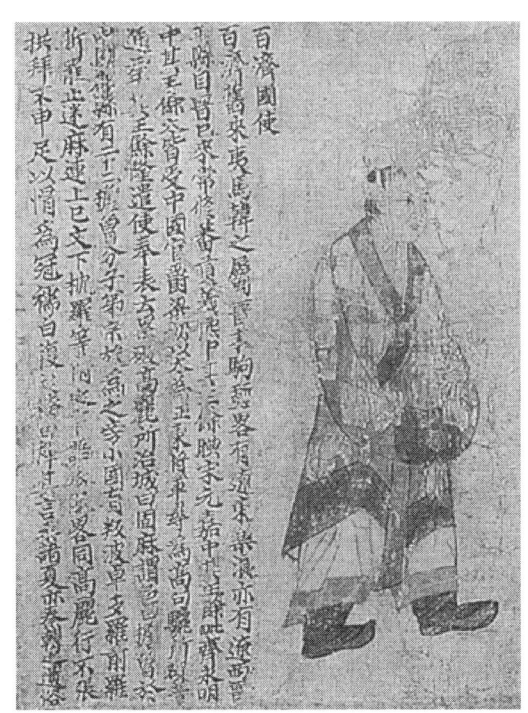

양직공도, 백제사신도

〈양직공도〉 '백제사신도'에서 말하는 22담로국과 다수동체의 해양 백제를 연합체로 볼 때, 동성왕의 시해 사건을 마무리한 무령왕의 출병은 '왕권 수호'로 봐야 한다. '왕위 찬탈'로 보는 학자들은 동성왕(24대)과 무령왕(25대)을 모두 한반도의 '웅진 백제'왕으로 보았기 때문이라 생각한다.

이렇게 '왕위찬탈'설이 부정되고 '왕권수호'설이 입증되고 보니, 또 다른 문제가 제기되었다.

무령왕이 태어난 곳을 주의 깊게 살펴볼 일이 생겼다.
일본이 말하는 무령왕의 출생지, 각라도(各羅島)가 맞는가?
『일본서기』 웅략 5년 461년 6월 기사에, '6월 1일에 임신한 부인이 가수리군(加須利君, 개로왕)의 말처럼, 축자(筑紫·츠쿠시)의 각라도(各羅島·카라노시마)에서 아이를 낳았다. 그래서 아이 이름을 도군(島君)이라 하였다. 이에 군군(軍君, 곤지昆支)이 곧 배에 태워 도군을 본국으로 돌려보냈다. 그가 곧 무령왕(武寧王)이다. 백제 사람들은 이 섬을 주도(主島)라 불렀다.'

이 기사의 가수리군(加須利君, 개로왕)과 관련 있는 기사가 『일본서기』 웅략 5년(461년) 4월에도 있다.

'백제의 가수리군(개로왕)이 즉위하자 일본의 웅략 천황은 사신을 보내 축하하면서 왕비감인 미녀를 청한다. 이에 개로왕은 모니 부인의 딸 지진원(池津媛)을 단장해 보낸다. 그러나 지진원은 입궁하기에 앞서 다른 남자와 정을 통한다. 천황은 대노(大怒)해 지진원과 정부를 불태워 죽인다. 소식을 들은 개로왕이 천황을 달래기 위해 아우 곤지에게 왜로 건너가 천황을 보필하라고 명하자, 곤지는 대가로 왕의 부인을 청한다. 이에 개로왕은 임신한 부인을 주며 말한다. "부인은 이미 산달이 됐다. 만일 가

는 길에 출산하면 어디에 있든 배 한 척에 실어 속히 본국으로 돌려보내도록 하라."는 사연이다.

이 기사(웅략 5년 4월)는 이보다 3년 전 기사(己巳)년(458년 7월)의 기사[37], 즉 백제가 여인을 천황에 바쳤는데 불미스러운 결과가 들어있다는『백제신찬(百濟新撰)』을 인용한 것이다. 개로왕이 아우 곤지 왕자를 야마토 왕조에 보낸 것은 기사(己巳)년의 불미스러운 일에 대한 책임 이행조치라고 본다.

개로왕의 아우 곤지가 목적지(왜국)에 도착하기 전에 형수가 출산했고 그곳에 무령왕(시마)의 모자(母子)를 남겨 놓은 채 곤지(군군)는 야마토 정권에 도착하여 그간 행적을 소상히 밝혔을 것이다.

일본서기는 출산한 그곳이 규슈 후쿠오카의 축자(筑紫·츠쿠시) 앞바다 각라도(各羅島·카라노시마)라고 기록한 것이다.[38]

'아이 이름을 도군(島君)'이라 했는데, 도군(島君)이란 도왕(島王)을 말한다. 섬에서 태어난 왕이란 뜻이다. 일본어로 섬을 뜻하는 '시마(しま)'를 음차하는 과정에서 사마로 바뀌었을 것이다. '시마' 혹은 '사마'는 무령왕의 어릴 적 이름이라 한다.

개로왕의 동생 군군(軍君, 곤지昆支)의 항로에 대해, 한·일 역사학자들의 공통된 의견은 일본으로 가는 길이 한반도의 남해안을 거쳐 쓰시마(對馬) – 이키(壹岐) – 가카라시마 – 가라쓰 – 규슈였을 것으로 보고 있다.

---

37) 백제 사료인『백제신찬(百濟新撰)』을 인용한 내용이다.
38)『일본서기』는 덴무 천황의 명을 받은 도네리 친왕 중심으로 680년경에 시작하여 720년에 완성했다. 편찬 시기가 아스카시대이므로 중국 동남해안의 역사를 모두 일본 열도에 적용하여 썼다고 본다. 원래 각라도(各羅島)는 중국 동남해안에 있었다고 본다.

실제로 이곳, 각라도에는 '백제 무령왕 탄생지'를 기리는 기념탑이 있다.

조금 엉성하긴 해도, 무령왕이 태어났다는 해안 동굴과 아기 무령왕을 씻겼다는 우물도 보존돼 있다. 가카라시마에서는 해마다 무령왕 탄생 축제가 열린다.

필자가 제기하는 것은 곤지의 항로 중 개로왕 부인이 시마를 출산했다는 각라도가 일본 열도 규슈의 각라도가 아니라는 점을 지적하고자 한다.

한·일 역사학자들이 곤지의 항로에 대해 공통된 의견은 백제 개로왕이 한반도 한성에서 왕권을 행사했다는 가정 아래 이루어진 것이다.

곤지가 만삭인 임신부를 싣고 물살이 거친 현해탄을 건너갈 수 있었을까 하는 의문이 우선 앞선다. 더구나 중국 한성(漢城)에서 황하를 따라 내려가서 발해만에 닿으면, 거기서 뱃머리를 돌려 황해를 건너고 한반도 남해안을 따라가다가 현해탄을 건너야 하는데, 긴 여정이고 물살이 심한 항로를 넘어간다는 것이 납득(納得)할 수 없는 일이다.

곤지는 개로왕의 명을 받아 야마토(왜)로 가는 길에서 사마가 태어난 것이다. 필자가 보기엔, 곤지가 목적지로 삼은 곳은 중국의 남동해안 월주 이남의 땅이라고 본다.

첫째, 이유가 중국 사서에 기록된 왜의 위치가 월주 땅이기 때문이다. 중국의 사서, 『삼국지(三國志)』와 『후한서(後漢書)』에 왜인(倭人)이 왜(倭)라는 명칭으로 나온다. 왜(倭, 衛)가, 동북 회계(會稽), 동남 대만(臺灣), 서북 담이(儋耳; 廣西省), 서남 주애(朱崖), 해남도(海南島: 하이난 섬) 사이에 있

다 하였다. 『후한서』〈왜전〉에 관계된 지명으로 회계(會稽), 주애(朱崖), 담이(儋耳), 이주(夷洲), 단주(澶洲)가 있는데 회계(會稽)는 절강성(浙江省), 담이(儋耳)는 귀주성(貴州省), 주애는 해남도(海南島), 단주(澶洲)는 항저우(杭州) 입구이다. 그리고 이주(夷洲)는 바로 대만(臺灣 = 타이완)을 나타내고 있다.

둘째, 『일본서기』의 일식 기록 중 가장 오래된 일본의 일식 기록(AD628-709)을 천문학자 박창범 교수가 분석했다. 이 시기는 일본의 야마토(大和) 시대에 해당한다. 일식 관측지는 동경110-126°, 북위12-26°이다. 이 지역은 대만, 중국의 하이난섬, 푸젠성(福建省), 필리핀의 루손 섬이다.

놀랍게도 중국의 사서가 밝힌 왜의 위치와 일식 기록 분석이 일치한다. 왜가 자기네 국사를 기록할 수준의 국가 단계를 갖출 때까지 중국 남부의 푸젠성과 타이완 섬, 광둥성과 하이난섬을 왜인의 근거로 있었다고 봐야 한다. 참고로 일본 열도인 규슈나 혼슈가 관측지로서 일식을 기록한 시기는 1189-1326년 사이이며 가마쿠라(鎌倉)시대에 해당한다.

셋째, 2000년 전, 이들 왜인은 당시 소형 선박을 이용하여 중국 동해안의 해안가를 따라 장쑤성은 물론 산둥반도를 돌아 황하의 하구까지 진출한 기록이 『삼국사기』〈신라본기〉에 있다. 당시 신라는 동경108-118, 북위26-35의 위치에 있었다.

넷째, 중국 동해안은 수심이 얕아서 물살이 세지 않아 임신부를 실은 곤지의 항해가 비교적 순조로웠을 것이다.

참고로 한반도 서해안의 경사도가 낮아서 조수간만의 차가 크다고 알고 있는데 〈황해안의 해저 지도〉를 분석해 보면, 중국의 동해안은 한반도의 서해안 보다 대륙붕의 경사도가 더 비스듬히 발달되어 있음을 알 수 있다. 한반도 서해안보다 중국 동해안이 물살이 약하여 항해하기 순조롭다.

이와 같은 점을 종합하여 볼 때, 『일본서기』에 나오는 웅략 천황의 야마토는 지금의 일본 열도가 아니라 중국의 동남해안 월주 땅에 존재했다고 본다.

곤지가 찾은 곳이 월주 이남의 땅이고 무령왕이 태어나고 자란 곳은 그곳으로 가기 전, 월주 땅이라고 본다.

『일본서기』에는 무령왕이 태어나자 곧바로 본국(한성)으로 돌려보낸 것으로 기록돼 있다. 하지만, 당시의 육아 환경을 감안할 때 곤지가 야마토에 입궁하면서 '아기'가 어느 정도 성장(젖을 뗄 정도)하면 돌려보내겠다고 했을 것이다.

그러나 그 말은 지켜지지 않은 것 같다.

무령왕의 출생 연도는 461년 6월이다. 개로왕이 고구려 장수왕에게 죽임을 당한 때가 475년이고 보면, 그때 사마 융의 나이는 14살의 소년이다. 한성에 있었더라면 왕족인 융이 살아남지 못했을 것이다.

사마 융은 곤지의 지원으로 저장성과 상하이 지역에서 터를 잡았을 것이다. 혹자는 곤지 왕자를 모신 아스카베 신사가 일본 오사카에 있는데 무슨 소리냐고 반문할 수도 있다. 이는 동명왕 사당이나 박혁거세 오릉이 한반도에 있는 것과 비슷한 이야기가 된다.

이야기는 다시 월주 백제로 돌아가야 한다.

월주 백제의 도읍지는 어디일까?

이 또한 후학들과 함께 풀어야 할 과제라고 본다.

14. 『구당서』의 백제 동·서 2성은 성왕 때를 말한다

먼저 『삼국사기』 제37권 잡지(雜志) 제6에 보면, 중국의 사서들이 백제의 지리(地理)39)를 언급한 것을 인용한 부분이 있다.

『북사』40)에는 '백제의 동쪽 끝은 신라이고, 서쪽과 남쪽은 모두 큰 바다를 한계로 했으며, 북쪽 끝은 한강에 접했다(北史云 百濟東極新羅 西南俱限 大海 北際漢江)'고 했다. 북조는 백제의 초기, 위례성에서 한성으로 천도한 이후에 해당한다고 본다. 북쪽이 한강에 접한 것으로 보아, 온조왕이 한성으로 도읍을 옮긴 전후의 요서 백제를 말하는 것 같다. 여기서 말하는 큰 바다라는 대해(大海)는 발해만과 이어진 해하(海河)41)를 말한다. 그런데 백제 동쪽에 신라가 있다 한다.

신라가 있었다는 지역이 중국의 요동을 가리키고 있는데, 이곳에 과연 신라가 있었나 하는 점에서 『북사』의 기록과 함께 백제의 위치도 의심하게 된다.

이에 뒷받침이 될 수 있는 『삼국유사』 〈기이편 상〉 마한전에 있는 최치원(崔致遠)의 글을 보면 신라의 위치가 좀 더 선명해진다.

'최치원이 말하길 "마한은 고구려이고, 진한은 신라다(崔致遠云 馬韓 麗也

---

39) 김부식, 이재효역, 『삼국사기』3, pp.152-171.
40) 북사(北史)는 중국 북조의 역사서로 당나라 이대사에 의해 편찬이 시작되었고, 그의 아들인 이연수에 의해 완성된 이십사사 중의 하나인 역사서이다.
41) 오운홍, 전게서. pp.107-108.

辰韓 羅也).'"42) 최치원은 신라가 진한을 계승했다고 말한다.

그렇다면 진한 땅이 어디인가?

『후한서』〈동이열전〉에 '진한은 (마한의) 동쪽에 있는데, (중략) 동쪽과 서쪽은 바다(해하)를 경계로 하니 모두 옛 진국(辰國)43)의 땅'이라 했으니, 신라의 위치는 중국의 진황다오(秦皇島)와 차오양(朝陽)과 진저우(錦州)44)를 잇는 삼각지대의 요동 땅이라 본다. 이로써 백제의 동쪽 땅에 신라가 있음이 증명됨에 따라 '북사'의 백제 위치에도 신뢰할 수 있다.

백제의 지리를 밝히는데 『통전』45)도 인용된 '백제는 남쪽으로 신라에 닿았고, 북쪽으로는 고구려에 이르고 서쪽으로는 큰 바다를 한계로 한다 (通典云 百濟南接新羅 北距高麗 西限大海)'고 기록되어 있다. 이 기록상의 백제는 근초고왕 전후로 보이며, 당시 중국에서 요서 백제로 명명되던 때이다.

신라 초기에는 백제의 동쪽에 있다(『북사』의 기록)하였는데 그동안 신라의 중심부가 이동하여 백제 남쪽 강소성으로 옮긴 것이고, 고구려도 낙랑 땅을 차지하여 백제 북부로 이동한 것이다. 이때 삼국의 배치는 북쪽

---

42) 일연, 이재효역, 『삼국유사』1, pp.78-80.
43) 『삼국사기』〈신라본기〉 혁거세거서간 원년(BC57)에, '이보다 먼저 조선(朝鮮)의 유민이 이곳에 와서 산골짜기에 흩어져 살면서 여섯 촌락을 이루고 있었다(先是朝鮮遺民, 分居山谷之間 爲六村)'라 했는데 이들 여섯 촌락이 있는 이곳을 신라의 땅으로 본다. 또 혁거세의 모친 선도성모가 부여제실의 딸 파소(婆蘇)로서 눈수(嫩水)에서 진한(辰韓)의 나을촌(奈乙村)에 이르렀다 했는데 같은 곳으로 본다.
44) 임둔 봉니가 출토된 진시시(錦西市)는 대릉하(大陵河)의 서쪽에 있다.
45) 통전(通典)은 당(唐)의 두우(杜佑)가 저술한 책이다. 중국(中國) 역사상 최초로 형식이 완전히 갖추어진 정치 서적이다. 통전은 제순유우씨(帝舜有虞氏)의 시대에서부터 당(唐)의 현종 시기까지의 법령 제도와 그 제도의 연혁 그리고 정치의 대요(大要)를 연대순으로 하여 기록한 책이다.

에서 남쪽으로 고구려, 백제, 신라 순으로 배열된다고 본다.

백제 서쪽의 대해는 톈진(天津) 서쪽의 해하(海河)를 말한다.

그 다음, 『구당서』46)를 인용하여 '백제는 부여의 별종으로서 동북쪽은 신라요, 서쪽으로 바다를 건너가면 월주에 이르고, 남쪽으로 바다를 건너가면 왜(倭)에 이르며, 북쪽은 고구려이다. 그 임금이 사는 곳은 동서에 두 성이 있다(舊唐書云 百濟 扶餘之別種 東北新羅 西渡海至越州 南渡海至倭 北高麗 其王所居 有東西兩城)'라 했다.

2개의 성(城)이 있다는 기록으로 보아 여기서 말하는 백제는 성왕 이후의 백제라고 본다. 동성(東城)은 기존의 월주 백제 때 도읍지를 말하는 것이고, 서성(西城)은 새롭게 천도한 사비성(泗沘城, E117°50′ N33°30′)을 말함이다. 2개의 성(城)이 그대로 유지되고 있다는 기록으로 보아 서성(西城)인 사비성은 현대적 개념의 행정수도가 아닌가 한다.

신라의 위치가 동북쪽이 된 것은 신라의 위치가 이동한 것이 아니다. 앞의 사서 『통전』 기록의 신라는 강소성에 그대로 있는 것이고, 백제의 중심부가 신라의 북쪽에서 남서쪽으로 이동한 것을 말한다. 다시 말해 산둥반도에 있는 한성-웅진 백제에서 안후이성(安徽省)에 있는 사비 백제로 이동한 것을 말한다.

'서쪽으로 바다를 건너가면 이른다(西渡海至)'의 표현은 『삼국사기』를 편찬하는 한반도의 고려 개경(開京)에서 볼 때 월주나 왜(倭)의 방향과 거리를 말하는 것이라고 본다. 또 다른 시각은 사비성에서 동성(東城)으로 가

---

46) 구당서(舊唐書)는 당나라(唐)의 정사(正史)로 이십사사(二十四史) 가운데 하나이다. 940년에 편찬을 시작해 945년에 완성되었다.

자면, 당시 양남조[나라를 가로질러 갈 수 없으므로 뱃길을 이용하여 상하이를 돌아 항저우만으로 들어가는 표현이라고 보는 시각도 있다. 항저우 배후에 월주와 왜가 이어진다.

『신당서[47]』에도 백제의 위치를 묘사한 기록이 있는데, '백제의 서쪽 경계는 월주이며 남쪽은 왜인데, 모두 바다를 넘어가야 있으며 북쪽은 고구려이다(新唐書云 百濟西界越州 南倭 皆踰海 北高麗).'라고 한다.

'모두 바다를 넘어가야 있다'라는 표현의 전제는 백제의 서쪽에 월주와 경계를 이루고 있고, 남쪽으로 왜와 경계를 이루는 백제, 즉 월주 백제의 위치에 대해 『삼국사기』 편찬자가 고려 개경(開京)에서 바라보는 표현이며, 후기 백제의 중심부 월주 백제의 위치를 묘사했다고 본다.

월주 백제의 존재와 위치가 거의 확연해졌다.
이곳에 있는 사오싱(紹興)과 항주 등의 지리적 위치를 주시하게 된다.
이곳은 해상무역으로 볼 때 상권의 중심지라 할 수 있다.
북쪽으로는 중국 동해안의 여러 포구를 거치며 산둥반도를 돌아 발해만에 이를 수 있다.
남쪽으로는 중국의 푸젠성과 광동성을 거쳐 베트남과 인도와 아라비아에 이르는 항로로 연결된다.
남북뿐만 아니라 동서의 항로도 화려하다.
동쪽의 항로는 저우산군도(舟山群島)를 통해 한반도와 일본 열도로 가

---

47) 신당서(新唐書)는 북송 인종이 『구당서(舊唐書)』 내용이 왜곡된 것이 많고 부실하다 여겨 구양수에 명하여 1044년-1060년에 걸쳐 완성한 당나라의 역사를 서술한 책이다. 이십사사 중 하나이다.

는 길이 있고, 서쪽의 항로는 양쯔강을 거슬러 중국 깊숙이 들어가는 장삿길이며, 푸춘강(富春江)을 거슬러 올라 산월(山越)로 가는 장삿길도 있다. 그야말로 다섯 방향으로 장삿길이 연결되는 천혜의 교통요지라 할 수 있다.

이곳에 월주 백제가 있었고, 당시 이 지역의 상권을 무령왕이 쟁취한 것 같다.

이렇게 월주 백제를 부상시킨 사람은 무령왕이라 할 수 있다.

융(무령왕)을 이곳으로 인도한 사람은 개로왕의 동생 곤지 왕자이다. 무령왕에게는 숙부가 된다. 곤지는 이후 야마토국에 도착한 후 아들 모대(牟大)를 낳았다고 본다.

삼국사기 〈백제본기〉 동성왕 조에 보면, 모대(동성왕)가 문주왕의 아우 곤지의 아들로 기록되어 있다. 필자가 보기에는 곤지가 문주왕의 아우가 아니고 숙부로 본다. 그 이유로 첫째, 개로왕의 집권 초기 4년(458년), 왜왕에 보낸 왕녀의 불미스런 스캔들로 7년(461년)에 곤지를 책임이행 조치 겸 볼모 형식으로 야마토 정권에 보낸 것이다. 만약 개로왕의 태자 문주의 동생이라면 곤지가 얼마나(몇 살?) 자랐기에 부왕인 개로왕의 부인을 달라고 할 수 있었는지 의심스럽다. 둘째, 곤지가 개로왕의 부인을 달라고 제안한 것으로 보아, 개로왕의 동생으로서 형수를 탐할 수는 있지만, 개로왕의 아들이라면 천륜에 반하는 일이다. 이를 종합하여 볼 때, 곤지는 문주왕의 아우가 아니고 숙부인 것이 분명하다.

곤지는 형인 개로왕이 한성에서 전사했다는 소식을 접했을 것이고, 형의 아들 문주가 왕위를 계승하여 웅진성으로 도읍을 옮겨갔을 때 야마토 정권의 허락을 받아 내신좌평으로서 문주왕 정권을 수습했을 것이다. 그러다가 곤지는 477년에 죽었다. 그때 융(무령왕)의 나이는 16살이다.

촌수(寸數)로 따져보면, 무령왕(융)은 곤지의 아들이 아니고 조카이며, 문주왕의 이복동생이 되고, 삼근왕의 삼촌뻘이 되며, 곤지의 아들 동성왕의 사촌형이 된다. 이렇게 보면 백제의 왕 계보(系譜)도 수정돼야 한다.

웅진 백제에서는 문주왕이 478년에 시해를 당하고 뒤를 이은 어린 삼근왕이 2년 후에 죽는 불상사(479년)가 이어졌다. 이에 곤지의 아들 모대가 동성왕으로 즉위한다. 이때 융(사마)의 나이는 18세이다.

웅진 백제의 동성왕이 시해를 당한 501년 때는 무령왕의 나이가 40세였다. 그 전에 이미 사마 융이 월주 백제를 키워내고 그곳에서 집권했다고 볼 수 있다.

15. 무령왕이 한반도에 묻힌 사연을 찾아내다

그런데 그런 무령왕이 왜 한반도 공주에 묻혔을까?
성왕은 왜 그런 선택을 했을까?
성왕에게 불효자라는 낙인을 찍어도 마땅한 것인가?
국사학계는 그 해답을 찾으려 하지 않고 있다.
웅진 백제가 한반도 웅진(공주)에 있었다고 보는 강단사학계는 성왕이 불효자가 아니고, 당연한 매장이라고 여긴다. 그런데 토지매입(부동산등기부) 부분은 아직도 풀지 못한 의문으로 남아있다.
그러던 중에 박창화의 필사본이 공개된 것이다.

박창화의 필사본, 〈고구려사략〉은 『삼국사기』의 3배에 이르는 방대한 분량이다. 남당 박창화 선생이 일제시대 독립운동을 하다 체포된 후, 그의 학식과 식견을 인정받아 일본의 왕실 서고에서 일하게 되었다. 그가 그곳에서 틈틈이 필사본으로 베껴놓은 것인데, 그중 〈고구려 사략〉 안원대제(23대) 편에 보면 문제의 백제 사마왕 관련 기록이 있다.

'〈사마〉의 처 〈연〉씨가 〈사오〉의 처 〈백〉씨를 투기하다가 〈사마〉를 독살하였고, 〈사마〉의 서자 〈명농[聖王]〉은 상을 당한 것을 숨기고 보위에 올랐다. 이같이 엄청난 비밀을 간직하고 있는 〈사마〉의 제일(祭日)에 사냥 나간 것으로 모면하듯, 〈명농〉은 과연 아비 죽인 것을 숨겼다. 이에

(고구려 왕이) 〈고노〉와 〈복정〉에게 명을 내려 죄를 묻게 하여, 〈한(漢)수〉를 건너 〈쌍현성〉을 무너뜨리고, 〈지충〉을 〈금천(金川)〉에서 대파하였으며, 남녀 1만여 구를 사로잡았다. 〈명농〉이 〈연희〉를 보내서, 명마와 미녀를 바쳤으며, 신하의 도리를 저버렸던 것을 사죄하였다. 〈명농〉에게 입조하라 명을 내렸다(斯摩妻〈燕〉氏 妬〈沙烏〉妻〈苩〉氏 毒殺〈斯摩〉 〈斯摩〉庶子〈明穢〉祕其喪而自立 上惡〈斯摩〉祭日出獵 〈明穢〉果祕其殺父 乃命〈高老〉・〈卜正〉問罪渡〈漢水〉壞〈雙峴〉大破〈志忠〉於〈金川〉 虜獲男女万余口 〈明穢〉 遣〈燕喜〉献名馬・美女 以謝失臣之禮 乃命〈明穢〉入朝.)'

이 기록에 따르면 사마왕은 어린[48] 부인(왕비)의 질투심으로 독살을 당한 것이다.

무령왕의 왕비 연씨(燕氏)가 사오(沙烏)의 처 백씨(苩氏)를 투기할만한 정황이 『삼국사기』〈백제본기〉에 있다.

'무령왕 23년(523년) 2월에 왕이 한성[49]으로 행차하였는데, 좌평 인우(因友)와 달솔 사오(沙烏)를 대동하여 쌍현성(雙峴城)을 쌓게 했다. 성을 쌓는 공사 책임자 달솔 사오를 그곳에 남게 하고 왕은 3월에 한산으로부터 수도로 돌아왔다'는 기록이 있다. 5월에 왕비가 왕을 독살한 것이다.

한산 쌍현성에서 (월주 백제) 수도(30°20′-30°)까지 1,500리가 넘는 길이다. 무령왕은 남편이 부재중인 백씨와 2개월 정도 밀애(?)를 했을 것으로 보

---

48) 1971년 무령왕릉(송산리 7호분)에서 발견된 치아의 주인공은 쉽게 풀리지 않은 수수께끼이다. 치과 전문의 소견에 의하면 치아는 치관만 있는 하악 좌측 사랑니였고 사망 당시 17세 여성으로 추정됐다. 무령왕이 사망할 때 왕비 나이는 15세로 볼 수 있다. 아치형 천정묘는 6, 7호분뿐인데, 무령왕릉 옆에 있는 6호분은 관대(棺臺)가 하나인 것으로 보아 성왕의 모후릉으로 추정된다.

49) 근초고왕이 천도할 때 조성된 산둥반도 동평(東平) 부근의 한성으로 본다.

여진다. 이때 왕비 연씨가 무령왕을 독살한 것으로 본다.

이로 인해 아들인 성왕이 아버지가 죽은 것을 숨기고 왕위에 올랐으며, 부왕의 죽음을 숨기고 왕권을 대행하다가 슬그머니 왕위를 이어가는 패륜을 저지른 것이다. 성왕은 이 사실을 왜 숨겼을까?

〈고구려 사략〉 안원대제 편을 보면, '〈명농〉이 〈연희〉를 보내서, 명마와 미녀를 바쳤으며, 신하의 도리를 저버렸던 것을 사죄하였다.'는 대목이 있다. 당시 백제는 고구려의 속국이라는 것이 명백하다.

'사략'의 기록을 요약하면, 무령왕이 어린 왕비에 의해 독살당했고, 서자 명농[성왕聖王]이 상을 당한 것을 숨기고 보위에 올랐으며, 후일 주종관계에 있던 고구려 (23대) 안원왕이 성왕에게 책임을 묻는 내용이다.

부왕을 가까이 모시고 국정의 일익을 담당하던 명농으로서는 무령왕의 갑작스런 죽음에 위기감을 느꼈을 것이다.

그 첫째가 무령왕의 유언이 없었으므로 왕위를 계승하는데 고구려의 허락을 받아야 하고, 둘째 그렇게 되면 왕의 죽음에 대한 사인이 밝혀지겠고, 셋째는 무령왕의 장자(적자) 순타 태자 가족이 월주 백제 가까이 야마토에 있는 상황에서 서자인 명농으로서는 불리하다는 생각이 앞섰을 것이다.

그래서 부왕의 죽음을 숨기고 왕권을 대행하다 슬그머니 왕위를 이어간 것이고, 이와 같은 악행 사실이 드러나 고구려의 침공과 책임 추궁을 당한 것으로 본다.

이런 상황을 종합해 보면 무령왕의 묘를 한반도에 일부러 숨긴 사연을 이해할 수 있다.

성왕으로서는 부왕의 묘인데 초라하게 매장할 수는 없는 일이다. 최소

한의 분묘 형태를 갖추어 묘소를 마련하려면 당시 고구려의 활동 범위50)로 보아 중국 땅 어디에도 안전한 곳이 없다고 보았을 것이다. 일본 열도도 안전할 수 없다. 무령왕의 장자 순타 태자가 야마토에 있었기에 무령왕 죽음이 알려질 수 있다고 생각했을 것이다. 이런 점에서 한반도 공주 땅이 선정된 것 같다.

또 하나 숨기고자 한 증거가 비석에 해당하는 지석을 무덤 속에 숨긴 일이다.

이같이 나름대로의 비밀을 유지한 결과 부왕의 장례(523년)와 왕비의 장례(526년)를 비밀리에 치를 수 있었다고 본다.

강단사학계는 박창화의 필사본을 무시한 채 아직도 한반도의 웅진 백제를 고집하고 있으며, 무령왕릉의 의문점을 풀지 못하고 있는 상황이다.

성왕은 안원왕(531-545년)의 책임 추궁이 있기 몇 년 전, 표지석에 기록한 대로 무령왕의 3년 상(525년)과 왕비의 3년 상(529년)을 마친 때이다. 〈백제 본기〉 성왕 7년(529년)에 고구려 안원왕의 전왕(前王)(22대) 안장왕 때도 침공 기사가 있는데, '겨울 10월에 고구려왕 흥안(안장왕)이 몸소 군사를 거느리고 침범해 와서 북쪽 변방의 혈성(穴城)을 함락시켰다. (성)왕은 좌평 연모(燕謀)에게 명하여 보병과 기병 3만 명을 거느리고 오곡 언덕에서 이를 맞아 싸웠으나 이기지 못했으며, 죽은 사람이 2천여 명이 되었다'는 기사가 있다. 안장왕도 성왕에 대한 책임 추궁이라 보인다.

안장왕의 아우 안원왕이 즉위하면서 백제 성왕의 왕위계승 문제를 꼬

---

50) 다음의 제3장 〈고구려의 격전지를 찾아서〉의 '려(麗)·제(濟)·라(羅)·수(隋)가 공존할 수 있나?' 참조.

투리로 삼아 외교적 압박을 가한 것이 〈고구려사략〉의 기록에 남은 것이다. 백제의 왕위 계승까지 고구려가 일일이 간섭할 만큼의 양국 간에 주종의 굴레라는 사슬이 있었다고 볼 수 있다.

16. 남부여로 변경한 이유는 고구려와의 관계 정리에 있다

『삼국사기』〈백제본기〉나 〈고구려본기〉에서는 백제가 고구려의 속국이라는 기록은 찾을 수 없다. 신라의 후예라고 밝힌 김부식이 『삼국사기』 편찬 책임자로서, 신라도 잠시 고구려의 속국이었는데 외면한 만큼 백제가 고구려 속국이었음을 굳이 드러낼 필요가 없었다고 생각한 것 같다.

그런데 백제가 고구려 속국이었다는 역사적 사실이 〈고구려사략〉에만 있는 것이 아니라 광개토왕 비문에도 있다. 또 『환단고기』의 〈태백일사〉에도 있다.

아신왕 기사에 대해, 비문을 새긴 장수왕의 과장된 표현이라고 몰고 가는 학자도 있다. 이들은 삼국사기를 편찬한 김부식 등이 속국의 지위를 무시했다고 생각하지는 못한 것 같다.

'백잔(百殘)과 신라는 옛부터 고구려 속민(屬民)으로 조공(朝貢)을 해왔다. 그런데 왜가 신묘년(辛卯年, 391) 이래로 바다를 건너와 백잔과 □□와 신라를 파(破)하고 신민(臣民)으로 삼았다. 영락(永樂) 6년(396) 병신에 왕께서 친히 군사를 이끌고 백잔국을 토벌하셨다. 고구려군이 (3字 不明)하여 영팔성, 구모로성, 각모로성, 간저리성, □□성, 각미성, 모로성, 미사성, □사조성, 아단성, 고리성, □리성, 잡진성, 오리성, 구모성, 고모야라

성, 혈□□□□성, □이야라성, 전성, 어리성, □□성, 두노성, 비□□리성, 미추성, 야리성, 태산한성, 소가성, 돈발성, □□□성, 루매성, 산나성, 나단성, 세성, 모루성, 우루성, 소회성, 연루성, 석지리성, 암문□성, 임성, □□□□□□□리성, 취추성, □발성, 고모루성, 윤노성, 관노성, 삼양성, 증□성, □□노성, 구천성 … 등을 공취(攻取)하고, 그 수도를 … 하였다. 백잔(百殘)이 의(義)에 복종치 않고 감히 나와 싸우니 왕이 크게 노하여 아리수를 건너 정병(精兵)을 보내어 그 수도에 육박하였다. (백잔군이 퇴각하니 …) 곧 그 성을 포위하였다. 이에 잔주(殘主, 아신왕)가 곤핍(困逼)해져, 남녀(男女) 생구(生口) 1천 명과 세포(細布) 천 필을 바치면서 왕에게 항복하고, 이제부터 영구히 고구려왕의 노객(奴客)이 되겠다고 맹세하였다. 태왕은 (백잔주가 저지른) 앞의 잘못을 은혜로 용서하고 뒤에 순종해 온 그 정성을 기특히 여겼다. 이에 58성 700촌을 획득하고 백잔주(百殘主)의 아우와 대신 10인을 데리고 (고구려) 수도로 개선하였다.'

이때 백제 아신왕이 항복하는 자리에서(무릎을 꿇고) '이제부터 영구히 고구려왕의 노객(奴客)이 되겠다고 맹세'한 항복 문건이 있었을 것이다.

〈태백일사〉에 보면[51], '장수홍제호태열제(長壽弘濟好太烈帝, 장수왕)는 신라 (왕)매금(寐錦), 백제 (왕)어하라(於瑕羅)와 남쪽 평양에서 만나 납공(納貢)과 수비 군사의 수를 정했다'는 기록으로 보아, 아신왕 때도 이와 같은 약정이 있었을 것이고, 이후 매년 납공한 것으로 보인다.

백제 아신왕 이후 진지왕이나 구이신왕, 비유왕, 개로왕에게도 이 문서의 약속이 적용되고 지켜졌을 것이다.

---

51) 임승국 역, 『한단고기』, p.268.

그런데 〈백제본기〉에 보면, '개로왕(蓋鹵王) 18년(472년) 북위(北魏)에 보낸 서신에는 고구려를 협공하자고 간청하면서, 과거 백제 근초고왕(近肖古王)이 371년 고구려 고국원왕(故國原王)의 목을 베어 달았다면서 신(개로왕)의 조상 수(須, 근초고왕)를 자랑했다.'는 기사가 있다.

고구려에서 볼 때, 할아버지 고국원왕(16대)이 백제와의 전투에서 전사까지 했으니 영원히 남는 부끄러운 일이다. 이에 따라 19대 광개토왕(廣開土王)이 백제 아신왕(阿莘王)을 상대로 승리하고 항복문서를 받아냄으로써 고국원왕의 치욕에 대한 설욕전을 한 셈이다.

또 개로왕이 북위에 보낸 서신 내용을 알아내게 된 당시 고구려의 20대 장수왕(長壽王)으로서는 부왕의 유업을 이어받은지라 그냥 두고 볼 일이 아니었다.

장수왕은 475년 백제 한성 침공을 앞두고 3년 동안 철저하게 준비(중도림 파견 등)를 해서 또 한 번의 승리를 쟁취한 것이다.

장수왕으로서는 완전 소탕에는 미진했으나 달아난 개로왕의 태자(문주)가 남쪽으로 달아나 왕위를 이어간 웅진 백제에 사신을 보내어 다음과 같이 엄중한 경고를 했을 것이다.

'이제부터 영구히 고구려왕의 노객(奴客)이 되겠다'고 맹세한 아신왕의 항복문서(사본)를 보이고, "개로왕처럼 딴마음을 가지면 이와 같은 결과를 초래하게 된다"는 위협과 경고로 굴레의 사슬을 이어갔다고 본다.

웅진 백제의 왕들은 이와 같은 굴레의 사슬 속에서 고구려 사신의 백제 주재(駐在)를 인정했을 것이고, 백제의 국내 사정은 물론 백제가 외국과 교류하는 외교 사정도 샅샅이 파악되어 보고되고 있었다고 본다.

그 한 예가 웅진 백제의 '삼근왕 - 동성왕'의 스토리가 있다.

〈고구려사략〉「장수대제기」에는 해구가 반란을 일으키게 된 배경을 자세히 기록하고 있다. '삼근은 겨우 13세이지만 남을 아우르는 힘이 있고 또한 복속시켰다. 해구의 딸을 처로 삼았다.' 해구의 처 진씨(眞氏, 삼근의 장모)가 '남편 해구52)가 해(解)씨(문주왕의 왕비 오로지, 삼근왕의 어머니)와 놀아나는 것을 싫어하여 삼근에게 고하길 "왕의 모후(해씨)께서 지아비(해구)와 상통하여 폐하를 위해(危害) 하려고 합니다. 폐하께선 응당 소첩의 오빠 진남(眞男)과 함께 계획을 세워서 그들을 쳐야 할 것입니다" 하니 삼근이 그래야 하겠다 여기고 진남을 위사좌평으로 삼아 위졸(衛卒 - 왕의 경호부대)을 2,000여 명으로 늘려 훈련시켰다. 해구가 해씨(삼근왕 어머니)에게 삼근을 죽이라 하였으나 해씨는 자신이 낳은 아들인지라 죽일 수 없었다.'라는 소상한 백제의 내정 상황 정보가 고구려 조정에 보고되고 있었다고 본다.

더 놀라운 사실은 삼근왕이 죽기 전(16세)에 삼근왕과 모대(동성왕)와의 인위적 부자(父子) 관계를 소상히 묘사하고 있다. 이와 관련, 삼근왕이 통치자로서의 윤리 도덕에 비추어볼 때, 수치스러운 점이 있어 더 소개하지 않겠는데 고구려는 이런 정황을 수시로 샅샅이 파악하고 있었다는 것이다.

『일본서기』〈웅략기〉는 '삼근왕이 죽자 야마토의 웅략왕이 5백의 축자

---

52) 〈백제본기〉 문주왕 4년(478년) 기록에 보면 병관 좌평 해구는 문주왕 시해 사건의 배후 인물이다.

(筑紫)53) 군사를 호송시켜 말다(동성왕 모대)를 백제에 보냈다고 적고 있다.(卄三年(479년) 夏四月 百濟文斤王薨 天皇以昆支王五子中 第二末多王幼年聰明 勅喚內裏 親撫頭面誠勅慇懃 使王其國 仍賜兵器 幷遣筑紫國軍士五百人 衛送於國 是爲東城王)'

이같이 『일본서기』 기록은 삼근왕이 먼저 죽었고 이에 따라 어린 왕(모대) 호위를 명분으로 500명 파견을 정당화한다. 그러나 앞에서 소개한 〈고구려사략〉의 기록은 삼근왕이 죽기 전에 모대가 이미 백제에 와 있었다는 것이 확인되었다. 두 사료를 견주어 보면, 모대와 그(모대)를 호위하는 야마토 군사들이 삼근왕의 죽음 이전에 백제에 진주하고 있음을 부연한다면, 삼근왕의 갑작스러운 죽음이 이들과 연관이 있지 않나 하는 의구심을 불러일으킨다.

〈고구려사략〉과 『일본서기』의 두 기록을 비교해 보면, 어느 한쪽이 정확하지 않다고 본다. 역사의 파편이라도 종횡으로 정확한 이음새가 연결돼야 한다는 점에서 예리한 판단과 해석이 필요하다고 본다.

삼근왕의 뒤를 이은 동성왕(모대)의 업적 중에 북위와의 전쟁(490년) 승리를 소개한 대목을 보았듯이 일부 사학자들은 동성왕을 '동성대왕'으로 추켜세우고 있다.

필자가 이에 반대하는 것은 아니지만, 그랬던 동성왕의 몰락에 대해 다른 각도에서 파악하고 있다. 강성대국 북위의 남침 의욕을 하루아침에 꺾어버린 동성왕이다. 그렇지만 고구려 왕은 지배자의 시선으로 볼 때,

---

53) 『일본서기』는 덴무 천황의 명을 받은 도네리 친왕 중심으로 680년경에 시작하여 720년에 완성했다. 편찬 시기가 아스카시대이므로 중국 동남해안의 역사를 모두 일본 열도에 적용하여 썼다고 본다.

모대가 북위와의 전쟁에서 공성(攻城)이 아닌 수성(守城)이지만 승리한 것은 경계의 대상이다. 이에 따라 대백제(對百濟) 정책 면에서 자국과의 힘의 균형을 위해 백제를 중점 관리할 필요가 있다고 보았을 것이다.

〈백제본기〉에 보면, 동성왕은 북위와의 승리라는 열매를 이어가지 못했고, 고구려의 침공을 받아 패한 기록이 있다. 고구려는 백제 동성왕의 무한한 성장을 원하지 않았다. 적당한 통치의 범위 안에 두고 싶었을 것이다.

그런 점에서 백제의 문주왕(22대), 삼근왕(23대), 동성왕(24대)의 연속적 시해도 고구려와 왜와의 힘의 균형과 견제와 관련이 있지 않나 하는 의구심이 든다.

또 동성왕(24대)의 시해와 관련하여 무령왕(25대)의 '왕위찬탈'이냐, '왕권수호'냐 하는 논란이 있었는데, 월주 백제의 무령왕이 '왕권수호'를 위해 나서면서 동성왕 시해로 끊어질 뻔한 '백제'를 이어나간 것이다.

이때 무령왕에게 날아든 선대왕의 전쟁보상금(납부고지서)이 있었을 것이다.

무령왕이 동성왕을 이어 백제 왕이 되었을 때, '상속을 인정하면 상속인 채무도 인정되는 것이다.' 무령왕은 고구려에 대한 백제의 채무(아신왕의 항복 조건)를 피하지 못했을 것으로 본다.

무령왕과 성왕이 고구려에게 시달렸다는 정황은 앞서 소개한 장수왕 때의 기사 외에도 무령왕 2년(502년)에 해당하는 고구려 문자명왕 11년(502년)의 기사가 말해준다. 우선 〈태백일사〉[54]의 기사를 더 자세히 확인

---

54) 임승국 역, 『한단고기』, p.268.

하자. '장수홍제호태열제(長壽弘濟好太烈帝, 장수왕)는 연호를 건흥(建興)으로 바꿨다. 인의로써 나라를 다스려서 강역을 널리 넓혔다. 이에 웅진강(熊津江) 이북이 모두 고구려에 속하게 되어 북연(北燕), 실위(室韋)의 여러 나라가 모두 족속의 서열에 들어오게 되었다. 또 신라 (왕)매금(寐錦), 백제 (왕)어하라(於瑕羅)와 남쪽 평양에서 만나 납공(納貢)과 수비 군사의 수를 정했다(長壽弘濟好太烈帝 改元建興仁義治國恢拓疆宇熊津江以北屬我北燕室韋諸國皆入敍族焉又新羅寐錦百濟於瑕羅會于南平壤約定納貢戍兵之數)'는 기록이 있다.

광개토왕의 태자 거련(장수왕)이 20세에 즉위하면서 부왕이 사용하던 연호 '영락(永樂)'을 '건흥(建興)'으로 바꾸어 썼다는 기록이다. 장수왕은 부왕의 통치를 이어받아 신라와 백제가 매년 납공을 하도록 왕을 불러 약정을 받아냈고, 수비 군사의 수도 통제했던 것으로 본다. 이때 장수왕이 웅진강 이북 백제의 땅을 고구려에 복속하고 있었다. 장수왕이 세상을 뜬 해(491년)는 백제 동성왕 13년에 해당한다. 이같이 매년 실시해 온 약정의 관례는 장수왕의 뒤를 이은 문자명왕 때에도 이어 갔을 것이다.

〈태백일사〉55)에 '문자호태열제(문자명왕)는 명치(明治)라는 연호를 썼다. 11년(502년)에 제·노·오·월의 땅이 고구려에 속했다. 이에 이르러 나라의 강역은 더욱 커졌다(文咨好太烈帝改元明治十一年齊魯吳越之地屬我至是國彊漸大).'

이때가 백제 무령왕 초기(2년)에 해당한다. 문자명왕(21대)은 장수왕(20대)의 손자다. 오·월의 땅이 고구려에 속했다고 했는데, 이곳에 있는 무령왕의 월주 백제도 고구려로부터 자유롭지 못했다고 본다. 『구당서』, 『신당서』가 말하는 백제 성왕 이후 지리적 위치가 고구려의 세력에 포함되며,

---

55) 상게서. P.268.

고구려는 중국의 남방까지 세력을 뻗치고 있었다는 기록이다. 이에 대한 자세한 내용은 다음의 장, 고구려의 격전지에서 살피기로 한다.

성왕이 꿈을 꾼 것은 고구려로부터 자주독립이었을 것이다.
그 꿈의 실현 방안은 첫째 고구려의 멸망을 바라는 일이지만 성왕 대(代)에서는 실현 가능성이 없다. 둘째는 고구려와 전쟁을 해서 이기는 길이다. 그런데 백제는 항복문서에 따라 납공을 했고 수비 군사의 수를 통제받는 상황에서 불가능한 일이다. 셋째는 백제의 정체성을 숨기고 국호를 바꾸어서 다시 태어나는 것이다.
성왕이 셋째 방안을 채택하여 나라 이름을 바꾸고 도읍을 사비로 천도한 것으로 본다. 고구려 조정에 무언의 전달을 하려 했을 것이다. '지금은 그곳에 있었던 그 나라(백제)가 아니다.'
새로운 국호로 태어나서 새롭게 재기하는 '해양 대백제의 꿈'은 성왕의 전사로 물거품이 된다.

백제의 마지막 수도 사비성으로 천도한 것은 고구려로부터 독립하려는 성왕의 꿈에서 비롯되었다. 그렇지만 그의 꿈은 비상하지 못했다.

17. 백제의 마지막 '황산벌'은 어디인가?

 필자가 백제사를 손질하면서 마무리 짓지 못한 부분이 있다.
 그 하나는 '(가칭)월주성'의 위치 탐색에 미진했다. 백제의 왕도를 정리해 보면 ①위례성(BC18-), ②한성(BC5-), ③한성(371-) ④웅진성(475-), ⑤월주성56)(501-), ⑥사비성(538-660)으로 볼 수 있다.
 월주성과 관련된 사료가 별로 없고 빈약하였다. 중국의 사서 중에 『구당서』가 월주성을 암시하고 있다. 『삼국사기』를 편찬한 김부식이 백제의 위치를 말하는 자리에서 '구당서에 의하면 백제는 부여의 별종으로서 동북쪽은 신라요, 서쪽으로 바다를 건너가면 월주에 이르고, 남쪽으로 바다를 건너가면 왜(倭)에 이르며, 북쪽은 고구려이다. 그 임금이 사는 곳은 동서에 두 성이 있다(舊唐書云 百濟 扶餘之別種 東北新羅 西渡海至越州 南渡海至倭 北高麗 其王所居 有東西兩城)'57)고 했다.
 여기서 동성(東城)은 '월주성'을 말함이고 서성(西城)은 '사비성'을 지칭한다고 본다. 필자는 앞의 글(『구당서』의 백제 동·서 2성은 성왕 때를 말한다)에서 월주 백제의 위치에 대해 자료가 부족하여 '사오싱과 항주 등' 무역하기 좋은 위치라고 막연히 표현했다. 무령왕이 거처했던 월주성을 찾는 일은 앞으로도 계속되어야 할 과제라고 본다.

---

56) 동성왕의 시해 사건으로 인해 왕위를 이어받은 무령왕이 거처하는 도읍을 가칭 월주성으로 본다.

57) 김부식, 이재효역, 『삼국사기』 3권, p.153, p.171.

또 하나 미룬 부분은, 백제의 마지막 계백장군의 '황산(黃山)벌' 전투지가 어디인가에 관한 논의이다. 그간 논란의 여지가 있어 쉽게 접근하지 못했다.

본 장에서 필자의 주된 논증과 추론은 백제의 왕도를 찾는 일이었다. 그런 점에서 황산벌을 찾는 일에 비중을 두지 못했던 것 같다. 그렇지만 독자들은 백제가 중국 땅에서 건국했고 이후 왕도를 옮기며 발전해 가다가 황산벌 전투를 끝으로 백제가 멸망했다는데 그곳도 중국 땅인가라는 의문을 가질 것이다.

우리에게 알려진 황산벌은 충청남도 논산시 연산면 신암리에 있는 '황산벌전적지'이다. 또 이곳에서 서쪽 인근(약 10킬로미터) 부적면 충절로 11에 가면 '계백장군유적지'와 '백제군사박물관'이 함께 있다.

황산벌 전적지를 보면 한 가지 의문이 든다. 황산벌의 황산(黃山)이 어디인가 하는 것이다.

이곳 연산(蓮山)면에서 북쪽으로 15킬로미터 떨어진 곳에 계룡산(鷄龍山, 846m)이 있다. 산(山)은 아니지만 지명에 산(山)이 붙어있는 논산(論山)시를 비롯하여 그 동쪽으로 인접한 금산(錦山)군에는 진산(珍山)면 도산(道山)리, 묵산(墨山)리 등이 있고, 논산시 남쪽으로 인접한 전북 익산(益山)시와 완주군에도 맹산(孟山)리, 갈산(葛山)리, 송산(松山)리, 구산(九山)리, 낭산(朗山)리, 여산(礪山)면(리), 운산(雲山)리, 춘산(春山)리, 화산(華山)면(리), 고산(高山)면리, 오산(五山)리 등 산(山)이 붙어있는 지명이 무수히 많은데 황산(黃山)이라는 지명은 없다.

『삼국사기』 편찬 이후 누군가가 작위적으로 황산벌 이름을 연산면 신암리 일대에 붙인 것 아닌가 하는 의심을 떨쳐버릴 수 없다. 필자가 젊은

날, 황산벌판의 흙이 붉은 것은 5천 결사대의 흘린 피 때문이라는 글을 본 기억이 있다. 그 후 연산 땅을 지날 때마다 잊지 않고 흙빛을 보면 항상 붉은 빛이 났다. 나중에 농사를 지으며 알게 된 상식인데 붉은 빛이 나는 토양은 철분 성분이 많다는 것을 알았다. 연산면 신암리 일대 토양에 철분 성분이 많을 것으로 본다.

'황산벌'을 연계할 만한 지명이 한반도에 없는 반면, 중국 안후이성(安徽省)에는 황산(黃山, E118°10′ N30°10′)과 그 남쪽 인근에 황산(黃山)시가 있다. 황산은 중국을 여행한 한국인들에게 많이 알려진 관광지이기도 하다. 필자가 백제의 여섯 번째 도읍인 사비성으로 추정하는 사현(泗縣)도 안후이성에 있다.

그런데 사현(사비성 추정)과 황산과는 약 330킬로미터나 멀리 떨어져 있어, 과연 이곳이 계백 장군이 전사한 황산벌인가 하는 논쟁의 빌미가 될 수 있다.

필자가 이곳을 황산벌로 보는 데는 몇 가지 근거가 있다.

첫째, 황산에서 북동쪽, 사비성(사현) 쪽으로 30여 킬로미터 떨어진 곳에 황산 벌을 연상할 만큼 이름이 비슷한 황전(黃田)이라는 지명이 있고, 그 인근에 부여융(扶餘隆)을 연상하게 할 만한 지명 흥융(興隆)이 있다.

둘째, 『삼국사기』 열전 계백(階伯) 편에 보면, 황산벌에 이르러 진영을 설치하고 신라 군사들과 싸우기 전에 휘하 군사들에게 독려한 말이 있다. '옛날에 구천(句踐, 춘추시대 월나라 임금)은 5천 명의 군사로써 오(吳)나라 70만 군사를 쳐부쉈으니 오늘날 우리는 마땅히 각자가 기운을 내어 최후의 승부를 결정하여 나라의 은혜를 갚아야 할 것이다(誓衆曰 昔 句踐以

五千人 破吳七十萬衆 今之日 宜各奮勵決勝 以報國恩).'58)라고 말한 것처럼 오나라와 월나라 전쟁터가 이곳과 가까움으로 연상되어 인용하지 않았나 한다.

셋째, 황산의 지리적 입지를 살펴보자. 사현(泗縣)을 사비성이라 하면 『구당서』에서 말하는 2개의 도읍 중 서성(西城)에 해당한다. 또 하나의 동성(東城)은 월주 백제로 지목되는 '사오싱과 항주' 중 어느 곳에 있다고 가정하면 동성과 황산은 거리상으로 대략 200킬로미터 정도가 된다. 『구당서』의 기록대로 2개의 성이 동시대에 병존하고 긴밀한 역학 관계를 유지하려면 황산을 경유하여 500여 킬로미터를 왕래했다는 것이 된다. 이게 현실적으로 가능했을까?

실제로 이 코스를 이용했을 것으로 본다. 지도를 펼쳐놓고 보면, 동성과 서성을 잇는 직선거리에는 남조의 수도 건양(난징)과 신라의 도읍지 수현(壽縣, 화이난시)을 피하고 황산을 경유하는 코스를 선택할 수밖에 없었을 것으로 본다.

넷째, 계백 장군이 이끄는 5천명의 결사대가 진격하는 방향을 전술적인 측면에서 새롭게 고찰해보자. 황산벌 전투가 사비성에서 급히 파견한 방어군으로 보면 멀리 떨어진 300킬로미터의 거리가 논쟁의 불씨가 될 수 있다.

반대의 시각은 당시 백제가 고구려로부터 수비 군사의 수를 통제받던 때인데 수비군이 부족한 사비성을 향하여 진격하는 지원군이라면 사비성에서 300킬로미터 이상 떨어져 있는 거리가 문제 될 수 없다.

계백 장군이 이끄는 5천의 결사대는 월주의 동성(東城)에서 긴급히 모집된 지원군으로 본다.

---

58) 김부식, 이재효역, 『삼국사기』 3권, p.445, p.454.

다섯째, 〈백제본기〉에서 사비성 최후의 날 상황 기록을 보면, 의자왕과 태자는 이미 성 밖으로 먼저 피신했고 나중에 당군(소정방)에 포위된 사비성의 성문을 전투도 없이 열어 항복한 사람은 왕의 둘째 아들 태(泰)였다. 성안에 변변한 백제 군사가 없었던 것으로 보인다. 이렇게 수비 군사가 부족한 상황에서 계백의 5천 결사대를 성안에 배치하지 않고 멀리59) 떨어진 황산벌에 왜 배치하였을까?

백제의 작전 실패인가? 아니면, 역사 기록이 잘못된 것일까?

필자가 보기엔 전쟁을 준비한 나·당 연합군이 미리 백제의 약점과 정보를 파악하여 세운 작전에 따라 당나라군이 사비성을 공격하고, 신라군은 백제의 지원군이 이동하는 길목을 막았을 것이다. 이 과정에서 진군하는 백제군을 막아선 것이 신라군이며 이 전투가 황산벌 전투라고 본다.

필자의 주장은

(1) 중국 땅에서 건국하고 흥망성쇠를 맞은 백제는 현 중국 땅에서 멸망했다.
(2) 한반도의 '황산벌'은 인근에 관련 지명이 전혀 없어 '한반도 백제(?)'를 조작하기 위해 끼워 맞춘 느낌이 든다.
(3) 중국 안후이성에 있는 황산의 입지로 볼 때, 『구당서』가 말하는 백제의 동성(東城, 월주)과 서성(西城, 사비성)의 연결 코스에 있다고 할 수 있고, '황산 벌'도 황산 가까이 있다고 본다.
(4) 백제 계백 장군의 5천 결사대는 사비성에서 파견된 방어군이 아니고 사비성을 구출하기 위해 진군하던 지원군이라고 본다.

---

59) 중국 땅에서 사현과 황산까지는 300킬로미터보다 조금 멀고, 한반도의 부여와 연산까지는 25킬로미터 정도이다.

백제는 건국에서 멸망까지 한반도가 아니라 우리 문화와 정서가 통하던 중국의 백제 땅에서 678년(BC18-660)간 뚜렷하고도 명백한 우리 역사를 남겼다.

그런데 백제 유민(遺民)들은 어떻게 되었을까?

당(唐)나라에 흡수된 것인가? 아니면 국적을 바꾸어 신라거류민단이 되어 중국 동해안 신라방(新羅坊)에 그대로 거주한 것인가? 그도 저도 아니면 다른 곳으로 이동한 것인가?

세 가지 가능성을 모두 열어놓을 수 있다.

현대 중국의 남쪽 베트남과 국경을 접하고 있는 광시좡족자치구(廣西壯族自治區)에 백제허(百濟墟, 백제 유적)와 백제향(百濟鄕, 백제 마을)이 있는 '백제(百濟, E108°32′ N22°28′)'라는 지명이 있다. 또 KBS네트워크 특집 '중국(中國)에도 전주(全州)가 있다'(2002.7.4.)에서, 한반도의 전주(全州)와 너무 닮은 전주(全州, E111°5′ N25°55′)가 있어 우리의 관심을 끌고 있다.

중국 『송서』〈백제전〉에 '백제의 소치(所治, 治所치소, 관청)가 진평군 진평현(百濟所治, 謂之晉平郡 晉平縣)'이라 했듯이, 그 진평군의 위치는 현재 광시좡족자치구의 성도(省都)인 남령(南寧)시 옹령구(邕寧區)[60]에 있다고 본다.

백제라는 나라는 비록 멸망했어도 백제의 혼은 아직도 중국에 살아남아 있다.

---

60) 송서 지리지에 올림군에 진평군이 있었다는 기록이 있는데, 그곳은 지금의 광시좡족자치구(廣西壯族自治區) 옹녕현(邕寧縣)이다. 옹녕현에는 현재 백제향(百濟鄕)이라는 지명이 있고 백제향 안에는 백제허(百濟墟)가 있다.(출처 : 경북일보 - 굿데이 굿뉴스, 윤용섭)

제3장

고구려의 격전지를 찾아서

1. 최치원의 장계를 읽다

『삼국사기』 제46권, 열전 제6 최치원전(傳)에 보면,

'고구려와 백제는 전성기에 강한 군사가 백만이어서 남으로는 오(吳)·월(越)의 나라를 침공하였고, 북으로는 유주(幽州)와 연(燕)·제(齊)·노(魯)나라를 휘어잡아 중국의 커다란 좀(위협)이 되었다.(高麗百濟全盛之時 强兵百萬 南侵吳越 北撓幽燕齊魯 爲中國巨蠧)'라는 글이 있다.

이는 김부식이 삼국사기를 편찬할 때, 최치원이 썼다는 문집에서 '당나라 태사 시중에게 올렸다는 장계(狀啓)'를 찾아 소개한 부분이다. 그의 글 중에 우리의 관심을 끄는 부분이 있다.

장계에서 언급한 고구려와 백제의 전성 시기는 언제인가?

고구려의 전성기는 19대 광개토왕의 등극 이후 정복 군주로서 활동한 때부터 그 아들 장수왕(20대)과 담덕의 증손자 문자명왕(21대) 때이며, 26대 영양왕 때까지 중국을 지배했던 흔적이 있다. 백제는 동성왕(24대) 시절에 북위의 수십만 기병을 일거에 몰살시키고 일곱 명의 태수를 중국 땅에 임명할 때와 무령왕(25대)의 월주 백제와 성왕(26대)의 사비 백제 때라고 본다.

이때가 중국은 위·촉·오 삼국을 통일했다는 진(晉)나라가 쫓기고 사분오열로 갈리던 남북조 시대에 해당한다.

중국 남쪽 땅, 오·월의 위치는 어디인가?

여기서 거론되는 오·월은 최치원이 말한 고구려, 백제의 전성기에 존재했던 나라가 아니고 진시황이 천하를 통일하기 전, 춘추 전국시대의 나라 이름이다.

최치원이 오·월을 거명한 것은 오·월의 땅을 통해 그 위치를 분명히 밝히려 하는 데 있었다.

중국 남쪽의 오나라와 월나라 지역은 양자강을 중심으로 하여 현 강소성과 절강성 지역을 말한다. 정확히 말하면 오나라 도읍 쑤저우(蘇州)는 좌표상으로 E120°35′ N31°20′에 있다. 또 월나라의 도읍 사오싱(紹興)은 E120°40′ N30°에 있다.

장계에서 말한 북쪽의 유주(幽州)와 연(燕)나라는 북경을 중심으로 현 중국의 하북성과 산서성 일부를 포함하는 지역이며, 제(齊)나라와 노(魯)나라는 현 중국의 산동성과 하남성 일부를 포함하고 있는 지역에서 세력을 펼치던 나라다. 이들 나라가 북경과 가까우니 위도상으로 N40°에 이른다. 고구려와 백제가 장악했던 중국 땅의 영토가 남북(南北)으로 확인하면 N30°-40°에 이르는 방대한 영토이다. 이들이 장악한 지역은 인구가 조밀하여 각각 100만 대군을 거느릴 수 있을 정도로 당시 중국의 남북조를 위협했다는 것이다.

이에 대해 우리 국사학계는 이 기록을 애써 외면하려 한다. 그들이 쓰고 우리가 학교에서 배우는 역사 책과 도저히 양립할 수 없는 기록이기 때문이다.

심지어 국사학계에서는 최치원이나 김부식의 사대주의 사상에서 비롯된 발상이라 하며 비판하기도 한다.

필자는 이에 결코 동의할 수 없다. '爲中國巨蠹(중국의 커다란 좀[위협]이 되었다)'라는 최치원의 표현이 사대주의에서 나왔다는 데에는 어느 정도 동의할 수 있지만, 그 당시 고구려와 백제가 활동했다는 역사적 사실을 기록한 것은 사대주의 발상이라고 볼 수 없다.

최치원의 장계 내용으로 볼 때, 당나라의 옛 땅에 고구려 백제가 남북으로 횡행하였다면 중국에서 볼 때 자존심이 상할 문제가 된다. 최치원이 당나라 하위 관료였고, 엄연한 의미에서 외국인이다. 한 글자라도 틀리면 용서할 수 없는 엄중한 역사 기록인데도 당나라 조정에서는 이를 수용하고 인정했다니 fact(사실)일 수 있다고 본다.

최치원(崔致遠, 857-908?)은 어떤 사람인가?

당(唐)의 빈공과에 장원으로 급제하였으며, 황소의 난이 일어나자 절도사 고병(高騈)의 막하에서 《토황소격문(討黃巢檄文)》을 지어 당 전역에 문장으로 이름을 떨쳤고, 승무랑시어사(承務郎侍御史)로서 희종 황제로부터 자금어대(紫金魚袋)를 하사받았다. 귀국하여 신라 헌강왕에게 중용되어 왕실이 후원한 불교 사찰 및 선종 승려의 비문을 짓고 외교 문서의 작성도 맡았으며, '시무 10조'를 올려 아찬(阿飡) 관등을 받았다. 그러나 진골 귀족들이 득세하고 지방에서 도적들이 발호하는 현실 앞에서 자신의 이상을 채 펼쳐보지도 못한 채 관직을 버리고 은거하여 행방을 감추었다.

최치원이 당대의 최고 수준의 문장가였다는 것은 당서(唐書) 권60 예문지 제50에 최치원의 사륙집 1권과 계원필경(桂苑筆耕) 20권이 있었다는 기록을 통해서도 알 수 있다. 최치원은 당나라에서의 유학과 관리 생활로 인해 중국에 그의 흔적이 많이 남아있다. 최근 강소성 양주(揚州)에 '최치

원 기념관'이 문을 열어 중국에서도 이를 인정하고 있다.

우리가 최치원에 대해 알기를, '황소의 난 토벌 격문'을 지었고, 계원필경집의 '계원(桂苑)'과 고운(孤雲)문집의 '고운(孤雲)'이다.

'계원'은 최치원이 글을 지을 때 머물렀던 회남의 별칭이다. 즉 계원필경집은 '계원(회남)에서 문필로 생계를 유지하면서 지은 글 모음'이라는 뜻이다. 지금도 중국 회남시에는 '계원촌'(桂苑村)이라는 지명의 흔적이 남아있다.

고운(孤雲)[1]은 최치원의 자(字) 또는 호(號)로 보는 학자들이 있다.

필자가 관심을 두는 부분은 최치원의 재능이나 경력이 아니다. 장계의 내용이 과연 신뢰할 수 있는 정보인가에 관심의 초점을 두고 있다.

당나라에서 율수현의 현위(縣尉)로 있었는데, 율수현은 현 강소성 남경시에 해당한다. 남경은 옛 남조의 수도 건강(建康)이며, 이곳에 있었던 국가는 송(宋, 420-478) → 제(齊, 479-502) → 양(梁, 502-557) → 진(陳, 557-589)으로 이어진다.

이곳은 남조의 역사를 한눈에 볼 수 있는 사료가 쌓여있는 곳이다.

최치원은 400여 년 전, 남조의 역사 속에 남아있는 고구려와 백제의 역사를 알게 되었을 것이다.

---

1) 자(字)와 호(號)의 구별에서, 자(字)는 어린 시절 다시 말해서 유년 시절에 지어 부르다가 성인이 될 쯤에 훈장(선생님) 등 학식이 있는 분이 성인 됨을 축하하면서 지어주는 이름이고, 진짜 이름은 부모님이나 지인들만 부르고 남이 함부로 부르지 못한 데서 비롯됐던 호적 이름이 있다. 호(號)는 이런 이유로 성인 이후 아무나 격이 없이 부를 수 있는 자의반타의반 별칭이다.

2. 『삼국사기』로 보는 고구려의 진출 방향

대부분 역사서는 정치사이고 전쟁사이다. 정치사여서 당시 실존 인물들의 면면을 알 수 있고, 전쟁사여서 지명을 통한 강역과 영토를 알 수 있다.

『삼국사기』〈고구려본기〉 '모본왕(5대)이 2년(49년) 봄에 장수를 보내어 한나라의 북평(北平), 어양(漁陽), 상곡(上谷)을 거쳐 태원(太原)까지 습격한 기록이 있다. 이때 요동태수 채융(蔡彤)이 은혜와 신의로서 장수에게 대하므로 이에 다시 화친했다는 기록이 있다.'

실제로 이들 지명은 중국에서 찾을 수 있다.

북평(北平)[2], 어양(漁陽)[3], 상곡(上谷)[4]은 지금의 베이징 북부 허베이성(河北省)에 있고, 태원(太原, E112°30′ N38°)은 산시성(山西省)에 있다.

49년이면 후한 때 일이다.

그 전에, 대무신왕(3대)이 20년(37년)에 낙랑을 습격하여 멸망시켰고, 이로 인해 27년(44년) 9월에 한나라 광무제가 수군을 동원하여 낙랑을 빼앗

---

[2] 북평(北平)을 베이핑으로 읽는다. 원래 우북평(右北平)이었는데 베이징(北京)의 동북부에 있었다.

[3] 어양(漁陽)은 베이징(北京)의 동북쪽 밀운수고(密云水庫) 부근에 있었다.

[4] 상곡군(上谷郡)은 중국의 옛 군이다. 유주자사부에 속했다. 대략적 위치는 저양현(沮陽縣) 장자커우시 화이라이 현 남동 천상현(泉上縣) 장자커우시 화이라이 현 북동 일대 반현(潘縣) 장자커우시 쥐루 현 남서 군도현(軍都縣) 베이징시 서북쪽 창핑(昌平) 남서 군도현(軍都縣), 베이징(北京)의 서북쪽 연산천지(燕山天池) 등을 포함한다.

고 살수(薩水, 지금의 대릉하)⁵⁾ 이남의 땅을 한나라에 속하게 한 일은 두 나라의 영토 확장 전쟁으로 보이지만 사실은 교역로 확보를 위한 쟁탈전으로 봐야 한다.

이 교역로 쟁탈전은 이후에도 계속된다. 태조왕(6대)이 3년(55년) 요서(遼西)에 열 개의 성을 쌓아 한나라 군사를 방비한 것이나, 53년(105년) 한나라 요동에 6현을 약탈하다 패전한 것이나, 69년(121년) 한나라 유주 자사와 현도 태수와 요동 태수의 침입을 받아 싸운 것이나, 고국천왕(9대)이 6년(184년) 한나라 요동 태수의 침입을 막아 싸운 일들이 중국으로 가는 교역로 확보 싸움으로 볼 수 있다.

모본왕(5대)이 장수를 보내 북평, 어양, 상곡을 거쳐 태원까지 습격한 일은 당시 광무제의 낙랑 탈환으로 교역로가 막힌 데 따라 베이징 북쪽으로 우회하여 새로운 교역로를 개척한 것이라고 본다.

초기 고구려의 진출 방향은 한반도가 아니다. 그들이 당장 필요로 한 교역로는 서역과 중국으로 가는 서쪽 방향이다. 그쪽으로 가는 길에는 위(魏)나라, 연(燕)나라, 백제(百濟) 등이 자리 잡고 있었기에 새로운 교역로를 개척하려면 다툼은 피할 수 없는 일이다.

『삼국사기』〈고구려본기〉에 보면,

고구려 동천왕(11대) 20년(246년) 위(魏)⁶⁾나라 유주(幽州) 자사(刺史) 관구검(毌丘儉)이 군사 1만을 거느리고 현도를 거쳐 침입한 일이 있고, 중천왕(12대) 12년(259년) 12월에 위나라 장수 울지해(蔚遲楷)가 군사를 이끌고 침

---

5) 오운홍, 『고대사 뒤집어 보기』. pp.147-150.
6) 조조의 아들 조위가 세운 위나라를 말한다.

입하자 왕이 날랜 기병 5천을 뽑아 거느리고 양맥곡(梁貊谷)에서 싸워 이를 패퇴시키고 8천여 급을 목 베었다는 기사가 있다.

당시 위나라는 하북을 차지하고 있어 고구려와 국경이 맞닿아 있을 뿐만 아니라 고구려의 중국 진출에 걸림돌이 되고 있었다.

혹자는 고구려가 진출한 것이 아니라 침공을 받은 것이라 하겠지만, 조그만 다툼이 전쟁으로 확대된다. 위나라가 고구려의 진출을 미리 막을 수도 있는 것이다.

다음에 이어지는 전쟁터가 당시 중국으로 들어가는 길목이다.

지정학적으로 볼 때 고구려와 모용 선비와의 전쟁은 필연이었다. 영토 확장과 지역 내의 헤게모니(hegemony) 쟁탈이 전쟁으로 이어졌다. 봉상왕(14대) 2년(293년), 5년(296년)에 각각 모용외(慕容廆)의 침입을 받았다. 미천왕(15대) 14년(313년)에 낙랑을 멸하고, 15년(314년)에 대방군을 침공하고, 그 여세를 몰아 21년(320년) 요동을 공략질하니, 연(前燕)나라 모용인(慕容仁)이 미천을 막아 격파했다는 기록이 있다.(〈고구려본기〉 미천왕 二十一年 冬十二月 遣兵寇遼東 慕容仁拒戰破之)

이후, 고국원왕(16대) 9년(339년)에 모용황의 침입으로 고구려 왕이 맹약을 청한 일이 있다. 그런데 가장 뼈아픈 참패는 12년(342년) 11월 모용황이 침입해 환도성을 불태우고, 미천왕의 무덤을 파서 시체를 가져가고, 왕의 어머니를 인질로 잡아간 일이다.

이같이 〈고구려본기〉의 기록을 살펴볼 때, 고구려가 건국해서 고국원왕까지 역대 왕들의 전쟁은 압록강 이남 한반도에서 이뤄진 것이 아니다. 모두 만주와 요동과 요서 지역에서의 전쟁이었다.

이를 뒷받침하듯 고구려와 백제의 전쟁터를 살펴보자.

〈백제본기〉 책계왕(9대) 원년(286년) 고구려의 침입을 대비하여 아차성(阿且城)과 사성(蛇城)을 쌓았다는 기록이 있다. 성을 쌓은 계기가 왕위에 오르기 전 대방 왕의 딸 보과(寶菓)에게 장가들었는데 당시 고구려(13대 서천왕)가 대방을 침공하자 장인이 구원을 요청하므로 사위로서 구원에 응할 수밖에 없었다고 한다.

이 상황에서 베이징(북경) 동편에 있던 백제 위례성[7]과 동남으로 천도한 한성(漢城)을 중심으로 하고, 탕산(唐山)과 친황다오(秦皇島) 지역에 있는 대방의 위치를 감안 할 때, 아차성과 사성의 위치는 백제의 도읍 한성의 동쪽, 대방과의 경계를 이루는 길목이 아닌가 한다.

사성(蛇城)에 대한 또 다른 기록이 있다. 개로왕(21대)이 '하수(河水)를 따라 제방을 설치한 곳이 사성(蛇城) 동쪽에서부터 숭산(崇山) 북쪽까지 이른다' 했다. 이곳 사성은 근초고왕(13대) 이후의 한성과 밀접한 곳으로 보여 책계왕 때 쌓은 사성(蛇城)은 아닌 것 같다. 더 연구할 과제라고 본다.

국사학계는 한반도 서울의 동북부와 구리시와의 경계선에 있는 아차산(峨嵯山, 327m)으로 보고 있다. 아차산에 아차산성이란 유적이 있는데 엄밀히 말해서 산성의 요건을 갖춘 것은 아니다.

아차산성(峨嵯山城) 유적에 대해, ①삼국사기를 근거로 해서 백제 도읍을 방어하기 위해 (286년) 쌓았다는 설, ②고구려의 20대 장수왕이 백제 개로왕(21대)을 사로잡아 죽인(475년) 장소이며, 고구려 25대 평원왕(559-590년) 때 온달장군이 신라와 전쟁을 했던 장소라는 설, ③아차산성 남벽

---

[7] 오운홍, 전게서, pp.100-108.

90m 외벽에서 신라 건축의 특징인 외벽 보축 시설과 출수구(3곳), 내벽에선 입수구(2곳)가 발견된 것으로 보아 신라가 한강 진출의 교두보로 사용했다는 설 등이 난무한다.

필자는 서울의 아차산성 유적에 대한 설들 중의 일부는 결코 수용할 수 없다.

첫째, 〈백제본기〉의 아차성(阿且城)과 한반도에 있는 아차산성(峨嵯山城)은 음가는 비슷하지만 글자가 다르다. 또 하나 한반도 아차산성을 중심으로 반경 100킬로미터 안에서 아차성과 함께 쌓았다는 사성(蛇城)의 단서를 찾을 수 없다.

둘째, 고구려 침공을 대비하여 백제에서 성을 쌓았다는데, 성을 쌓는 목적에 부합되지 않는다. 북쪽의 고구려 군대가 백제로 진격한다면 평야지대인 김포나 서울 서부지역에 더 손쉬운 다른 침공로가 있기 때문이다. 그리고 성(城)의 요건도 갖추지 못했다.

셋째, 백제 개로왕이 잡힌 곳이라 하는 것도 상식에 어긋난다. 적군이 진을 치는 북쪽으로 가서 잡힐 것이 아니라 남쪽으로 도망갔어야 한다.

넷째, 백제 위치가 중국으로 밝혀진 이상 한반도의 한강 변에서 찾는 일은 근본부터 무의미한 일이라고 할 수 있다.

종합하면 아차성과 사성은 한반도에 있지 않고 중국 요동과 요서 경계에서 가까운 곳이 아닌가 한다.

백제가 위례성 동쪽에 아차성과 사성을 쌓은 이후에도 369년 백제가 치양(雉壤)에서 고구려의 침공을 물리친 일, 375년 고구려가 백제의 수곡

성(水谷城)을 공격한 일, 392년 고구려가 백제의 관미성(關彌城)을 함락시킨 일등 크고 작은 충돌이 많이 있었다.

특히 고구려가 관미성을 함락시켰다는 392년은 광개토왕(19대)이 즉위한 해이다.

〈고구려본기〉에 의하면, 광개토왕 2년(393년) 백제가 고구려의 남쪽 변방을 침범하자 막아냈다. 3년(394년) 7월에 백제의 침입을 막아내고 8월에 남쪽 변방에 7개 성을 쌓아 백제의 침략을 방비했다. 4년(395년) 왕이 직접 패수(난하) 상류에서 백제와 싸워 크게 이겼다. 이들 격전지 위치에 대해 국내 사학계는 한반도 안으로 비정(比定)했다.

예를 들어 치양(雉壤)을 황해도 배천군 치악산에 있는 고구려 때의 산성으로 보았고, 수곡성(水谷城)을 지금의 황해도 신계현(新溪縣)의 속현(屬縣)으로 비정했으며, 관미성(關彌城)을 한강과 임진강의 모처(某處)[8]로, 패수(浿水)를 대동강으로 보고 있다.

이렇게 보는 시각은 백제가 한강을 중심으로 하여 한반도의 서남부에 있다는 가정 아래 이루어진 것이다. 백제가 중국에 있다는 것이 밝혀지면 허공에 뜨는 이론이 되고 말 것이다.

---

8) 관미성의 현재 위치에 대하여 지금의 경기도(京畿道) 강화군(江華郡) 교동도(喬桐島)를 지목한 설과(이병도), 개성(開城) 부근설(일본, 武田行男), 경기도 파주군 교하면(交河面)의 오두산성(烏頭山城)설(윤일녕) 등이 있다. 이는 백제가 한반도에 있다는 개념에서 비정한 것이다.

3. 고구려가 보는 한반도는 조용한 뒤뜰이다

고구려의 왕들은 한반도 진출에 비중을 두지 않았다는 말을 하려 한다. 고구려가 한반도에 관심이 적었던 이유가 뭘까?

독자만큼 필자 자신도 궁금한 질문이다.

거대한 수목(樹木)의 뿌리가 땅속에서 뻗어가는 방향에는 이유가 있다.

흙을 파 보지 않아도 나무의 수형과 지세를 보면 알아낼 수 있다. 바람을 지탱하려면 수목의 높이에 걸맞게 원뿌리의 깊이 내림이 있어야 한다. 가지가 특히 어느 방향으로 많이 뻗어 있나를 보고 곁뿌리의 방향도 알아볼 수 있다. 그리고 또 한 가지가 더 있는데, 지세(수맥)를 쫓아 가뭄을 대비하고 수분 확보의 길을 마련하기 위해 그쪽으로 더 뻗어나간다. 수맥이 없는 건조한 곳에서는 나무의 성장이 느릴 뿐만 아니라 꽃과 그리고 열매를 많이 맺어 고사(枯死)에 대비한다. 이것이 자연적 생존 법칙이다.

고구려라는 거목의 뿌리 내림과 뻗어가는 방향은 자연스러운 생태이다. 우리가 앞에서 살펴본 고구려의 서방 진출 방향도 국가 생존의 전략이다.

이와 달리 '충주고구려비'의 발견(1979년)을 근거로 고구려의 진출 방향이 한반도라고 주장하는 학자도 있다.

그러나 비문의 내용을 검토해 보면, 한반도로 진출한 전승지가 아니라 조용한 후원(後園)을 관리했다는 기록이다.

충주고구려비에서 파손된 비문의 글자를 판독하는 과정에서, 최근(2019년)에 첨단 기법인 3D 스캐닝 데이터와 RTI 촬영으로 판독한 결과, '영락 7년세재정유(永樂七年歲在丁酉)'라는 비석 조성 시기가 밝혀졌다.

영락 7년(397년)이면 광개토왕이 중국 동해안의 백제를 토벌(영락 6년, 396년)하고, 백신(帛愼: 息愼, 肅愼) 토곡(土谷)을 관찰(觀察), 순시(영락 8년, 398년)하던 때이다. 왕이 친히 군대를 이끌고 그곳에서 정벌 전쟁에 참여했던 무렵이다.

그런데 충주고구려비는 고구려 관리, 신라토내당주(新羅土內幢主)가 조성한 것으로 보인다. '신라토내당주'란 신라에 주둔한 고구려군의 총사령관을 말한다. 광개토왕이 충주비가 있는 이곳을 순행한 것도 아니고, 정벌한 곳도 아니다. 광개토대왕비문에서 보듯이 속국인 신라와 그 경계를 관리하는 표시로 볼 수 있다.

이밖에도 고구려 유적들이 충북 지역 곳곳에 남아있다.

충청북도의 중원군 가금면 탑평리(현 충주시) 입석마을에서도 고비(古碑)가 빨래터에서 발견(1979년)됐다. 제천 장락사지, 청주 비중리사지, 구녀성, 충남 천안 고려산성, 충북의 음성 망이산성, 괴산 청천도원리사지, 금강 개소문산성 등에서 고구려 흔적을 찾을 수 있다.

독자들은 잠시 혼란스러울 것이다. 본 책의 앞장 백제 편에서 신라의 위치가 중국 안휘성 부근이라 했다. 그런데 신라가 삼국을 통일하기 전에는, 필자가 쓴 『고대사 뒤집어 보기』(pp.36-61)에서 밝혔듯이 석탈해의 근거지를 중심으로 한반도 동남부에도 영토가 있었다.

충주고구려비의 동남쪽은 신라의 땅이라고 하면, 그 서남쪽은 어느 나라의 땅일까?

앞 장에서 백제가 중국에 있었고 한반도에는 없었다고 하니 충청남도와 전라도의 땅이 궁금해진다.

그곳에는 마한 세력이 있었다고 본다.

다음에, 마한 편에서 다루겠지만 예부터 있었던 토착세력이 아니라 중국 땅에서 전란을 피해 한반도로 이주한 마한(馬韓) 소국들이 터를 잡았고, 이들의 족장(왕)들은 공성(攻城)이 아니라 조용한 수성(守城)에 만족했었다.

이런 정세를 감안하여 당시 한반도를 다시 보자.

백제처럼 고구려를 대적하거나 위협할 강국이 한반도에는 없었다.

탐나는 자원이 풍부한 땅도 아니다.

당시 인구가 조밀한 지역도 아니다.

보따리 상인은 있을 수 있으나 국가가 장삿길을 개척할만한 시장이 없었다.

고구려 군대의 진격이 당장 필요한 땅이 아니었다.

『삼국사기』〈고구려본기〉에 기록되어 있듯이 고구려의 서쪽 변경에서는 한나라, 위나라, 연나라에 백제까지 계속하여 부딪히는 역사가 반복되었다. 그런데 이를 회피하고 한반도에 수많은 군대를 이끌고 진격하려면 경제적 비용도 엄청날 텐데 한가하게 유람하듯 한반도에서 시간을 낭비할 필요가 과연 있겠는가?

그렇다면 한반도는 어떤 땅인가?

고구려에서 볼 때, 한반도는 안정적이고 조용한 후원(後園)의 땅이라고

본다.

이와 같은 상황 인식과는 다른 시각에서, 이맥의 『태백일사』〈고구려국본기〉의 기사를 가지고 광개토왕이 한반도에 있었다고 주장하는 이도 있다.

기사의 내용을 소개하면, '광개토경호태황은 큰 공덕과 성스러운 덕이 세상 어떤 임금보다 뛰어나시어, 사해 안에서 모두 열제(위대한 황제)라 불렀다. 18세에 광명전에서 등극하실 때 예로써 천악9)을 연주했다. 전쟁에 임할 때마다 병사들로 하여금 「어아가」10)를 부르게 하여 사기를 돋우셨다. 말타고 순행하여 마리산에 이르러, 참성단에 올라 친히 삼신상제님께 천제를 올렸는데 이때도 천악을 쓰셨다.(廣開土境好太皇隆功聖德卓越百王四海之內咸稱烈帝年十八登極又光明殿禮陳天樂每於臨陣士卒歌此於阿之歌以助士氣巡騎至摩利山登塹城壇親祭三神亦用天樂)'

한반도라고 주장하는 사람은 마리산(摩利山) 참성단(塹城壇)을 보고 강화도에 말을 타고 순수했다고 보는 것 같다.

필자가 이에 공감할 수 없는 이유는 다음과 같다.

첫째, 강화도에는 마니산(摩尼山, 469m)과 태백일사의 마리산(摩利山)은 음차는 같은데 표기하는 글자가 다르다. 이 글 다음에 나오는 광개토왕

---

9) 단군조선 때의 어아가(於阿歌)를 말한다. 광개토열제 때는 군사의 사기를 높이는 군가(軍歌)로도 사용되었다.(안경전 역, 『청소년 환단고기』 p.453)

10) 어아가(於阿歌)는 대조신大祖神:인간과 신명의 궁극의 뿌리 되는 천상의 큰 조상님을 칭송하는 노래이다.(안경전 역주본, 『환단고기』〈태백일사〉 소도경전본훈 참고), 어아가의 가사는, (1절)'어아 어아, 우리들 조상님네 크신 은혜 높은 공덕, 배달나라 우리들 누구라도 잊지 마세. 어아 어아, 착한 마음 큰 활이고 나쁜 마음 과녁이라, 우리들 누구라도 사람마다 큰 활이니 활줄처럼 똑같으며, 착한 마음 곧은 화살 한맘으로 똑같아라. (2절)은 생략. (임승국 번역, 『한단고기』 p.63에 2절이 있음)

이 수군을 이끌고 남진하는 '도중에 속리산(俗離山)에서 이른 아침에 하늘에 제사 지내고 돌아왔다(路次俗離山期早朝祭天而還).'는 기사가 있는데, 중국 동해안에 있는 속리산(俗離山)[11]으로 보는데, 한반도의 속리산(俗離山)과 명칭은 같으나 위치가 다른 곳이다. 이밖에도 우리 역사에 등장하는 '태백산(太白山)'이니, '한강(漢江)' 등 많은 지명들이 명칭은 같으나 서로 다른 곳에 있다. 한반도 강화도의 마니산(摩尼山)이 과연 『태백일사』에 나온 그 산인지, 또 다른 곳에 마리산(摩利山)이 있는지는 더 연구할 과제라고 본다. 계속되는 연구는 후학에게 기대한다.

둘째, 『태백일사』의 기사를 보면 광개토왕이 참성단(塹城壇)에서 삼신에게 제를 지낸 후, 왜를 토벌하였다 하였는데 그 왜가 중국 회계군(會稽郡)의 동야현(東冶縣)의 동쪽에 있다고 기록했는데, 그 의도를 파악해야 한다. 글의 맥락으로 보아 출진 전에 천제를 지낸 것 같다.

이글 다음 절에 언급하겠지만 왕은 한반도 서해안을 따라 왜를 토벌한 것이 아니라 중국 동해안을 따라 월주의 회계군까지 이른 것으로 보인다. 만주에 있는 평양에서 즉위한 왕의 동선으로 볼 때 강화도에 다녀오는 것은 왕의 신변안전을 위해서도 맞지 않다고 본다.

셋째, 다음의 단군 편에서 다시 언급하겠는데, 단군왕검 51년(BC2283)에 마리산(摩璃山)에 제천의 단을 쌓게 한 기사가 있다. 여기서도 강화도를 주장하는 학자가 있다. 단군왕검의 첫 도읍지 아사달을 지금의 랴오닝성(遼寧省) 차오양(朝陽)으로 볼 때, 단순히 제사를 지내기 위해 왕복 4천리

11) 이글 다음에 광개토왕의 남진 코스가 중국 동해안임을 증명하는 추론이 전개된다.

를 이동하는 것은 왕의 신변 보호에 문제가 있어 실현 가능성이 없다고 본다. 이 같은 이유에서 광개토왕 역시 제사를 지내기 위해 왕복 3천리 이상 이동했을 리가 없다. 이런 점에서 볼 때 참성단은 '만주의 평양' 부근이거나 고구려의 성지인 졸본(E117°30′ N48°)[12]일 수도 있다.

넷째, 졸본에 시조(주몽)의 사당이 있다.

『삼국사기』〈신라본기〉에 보면 남왕(이사금, 마립간)으로 등극하면 이듬해 봄에 장쑤성 쑤저우(蘇州)에 있는 시조묘에 배알했다는 기록이 연이어 있는데, 〈고구려본기〉에는 27대 영류왕(榮留王) '2년(619년) 4월에 졸본에 행차하여 시조의 사당에 제사지냈다'는 기록 외에는 찾을 수 없다. 〈유기(留記)〉나 〈신집(新集)〉에서 기록을 옮겨 적을 때 생략된 것이 아닌가 한다. 광개토왕도 시조의 사당에 제사를 지냈을 것이고, 참성단에도 이와 같은 의식을 갖추었을 것이다.

이와 같은 논의를 하게 된 의도는 광개토왕에 이르기까지 고구려왕들이 한반도에 대한 관심이 적었다는 것과 한반도 땅에 어떤 목적을 가지고 오간 적이 없다는 것을 강조하기 위해서이다.

---

12) 오운홍, 전게서, pp.140-141.

4. 광개토왕은 민생과 국부(國富)를 서쪽에서 얻었다

400년을 전후한 고구려의 전쟁 기록에 주목할 필요가 있다.

광개토왕 비문에,

'영락 8년 무술년 일부 군대를 백신 토곡에 보내 정황을 탐색하고 바로 공격을 개시하여 막□라성과 가태라곡에서 남녀 3백여 명을 포로로 잡아 돌아왔다. 이때부터 백신은 조공을 바치고 복종하여 섬겼다.(八年戊戌 敎遣 偏師觀帛愼土谷 因便抄得莫□羅城 加太羅谷男女三百餘人 自此以來 朝貢論事)'

영락 8년(무술)은 398년이다. (왕의 지시로) 한 부대의 군사를 파견하여 백신(帛愼; 식신息愼, 숙신肅愼)의 토곡(土谷)을 관찰(觀察), 순시하도록 했다. 이때 (이 지역에 살던 저항적인) 막□라성(莫□羅城) 가태라곡(加太羅谷)의 남녀 삼백여 인을 잡아 왔다고 한다. 이 이후로 (백신은 고구려 조정에) 조공을 하고 (그 내부의) 일을 보고했다는 것이다.

광개토왕 비문(영락 8년)에 나오는 토곡이 어디인가?

토곡을 국어대사전에서 찾아보면 아래와 같다.

'토곡혼(吐谷渾)은 4세기 초 중국의 청해(菁海, 현 칭하이성靑海省) 지방에 있던 나라 이름이다. 왕족은 선비(鮮卑)로 5호16국 시대부터 세력을 떨쳤으나 뒤에 북위, 수, 당의 토벌을 받아 663년에 토번(吐藩)에게 멸망 당하였다.'

비문(1면 7행)에, '재위 영락 5년, 을미년(395년)에 광개토왕은 비려(碑麗)

가 고구려인들을 돌려보내지 않기 때문에 몸소 토벌에 나섰다. 부산(富山)과 부산(負山)을 지나 염수에 이르러 3부락 6-7백 명을 파하고 소, 말, 양 떼를 헤아릴 수 없이 노획했다. 그곳에서 돌아오면서 양평도를 거쳐 동으로 왔다. 동래□성, 역성, 북풍에 이르러 왕은 사냥 준비를 시켰다. 순유와 사냥을 하며 돌아왔다. (永樂五年, 歲在乙未, 王以碑麗不歸□人, 躬率往討, 過富山負山至鹽水上, 破其三部落六七百營, 牛馬群羊, 不可稱數, 于是旋駕, 因過襄平道, 東來□城, 力城, 北豊, 王備獵, 游觀土境, 田獵而還.)'

이와 같은 기사가 〈삼국사기〉에 없다 보니 학계에서는 그동안 비문을 외면하여왔으나, 박창화의 필사본 〈고구려사략〉이 공개되면서 다시 주목을 받게 되었다. 김성겸이 필사본을 번역한 내용이 있다. '비리(卑離)가 점차 왕의 가르침을 어기기에 친히 파산(叵山), 부산(富山), 부산(負山)을 정벌하고 염수(鹽水)까지 이르면서 그들의 부락 700여 곳을 깨뜨렸고, 소·말·돼지를 노획한 것만으로 셈이 되었다.'

비문의 비려(碑麗)나 사초의 비리(卑離)는 같은 인물로 이두식 문자 표기로 보인다.

필자는 비문에 나오는 '염수'를 손쉽게 소금 수집이 가능한 '차카염호'로 보며, 비문의 부산(富山)을 현 산시성(陝西省)의 부현(富縣, E109°20′ N36°)으로 본다. 부현의 옛 지명은 부성(富城)이다. 고구려 모본왕 때 개척한 교역로인 북평(北平) → 어양(漁陽) → 상곡(上谷) → 타이위안(太原)을 거쳐 서쪽으로 가는 길에 명주(明州)라는 곳에서 남쪽으로 방향을 틀어 내려가다가 연안(延安)을 지나 부현(富城)에서 다시 방향을 틀어 서쪽으로 가야 염수(鹽水, 차카염호)에 이를 수 있다.

『태백일사』에도 이와 같은 내용이 있다. 고구려국 본기에 '때에 곧 백제, 신라, 가락의 여러 나라가 모두 조공을 끊임없이 바쳤고, 거란, 평량(平涼)도 모두 평정 굴복시켰다(時則百濟新羅駕洛諸國皆入貢不絶 契丹平涼皆平服).'

백제, 신라, 가락의 여러 나라가 모두 '조공을 바친다, 속국이다.'는 내용은 광개토왕의 비문과 같다. 이 기사에서 '거란과 평량을 굴복시켰다'는 대목이 눈에 띄는데, 평량을 통해 백신 토곡의 위치를 가늠할 수 있게 되었다.

평량(平涼, E106°40′ N35°30′)은 간쑤성(甘肅省)에 있으며, 시안(西安)에서 닝샤후이족자치구(寧夏回族自治區)를 지나 서역으로 가는 길목에 있다. 또 평량에서 란저우(蘭州)를 거쳐 칭하이성(青海省)의 시닝(西寧)을 지나면 청해호와 차카염호(茶卡鹽湖)에 이를 수 있다.

평량은 3-4세기 때 토욕혼(土谷渾)에 속한 지명으로 보인다.

차카염호를 관광해 본 사람은 하얀 모래밭 같은 소금밭을 걸으며 염호 밑바닥에서 물을 한 바가지 길어 올리면 녹지 않은 것 같은 소금 결정체를 보고 놀랄 것이다.

그 옛날 광개토왕이 평량을 정복한 것은 차카염호라는 염수에 이르러 소금을 확보하려는 데 있었던 것 같다. 그뿐만 아니라 서역과 직접 교역로를 확보함으로써 국부(國富)를 증대시키려는 데 중점을 둔 것 같다. 고대사회에서 소금은 음식의 저장(절임)과 맛에 필수적이었으며, 생활의 풍요를 가져왔고, 건강, 장수에도 도움을 주는 재화로 거의 모든 국가에서 귀하게 여겨 생산과 유통을 국가가 직접 관리했다.

종합하면 〈광개토왕 비문〉 영락 8년의 토곡(土谷)과 청해(菁海, 현 칭하이성青海省) 장악, '영락 5년의 부산(富山), 〈고구려사(초)략〉의 부산(富山) 토벌과 『환단고기』 〈태백일사〉 고구려국 본기의 평량(平涼) 평정과 굴복 등은 모두 소금 확보를 위해 염수로 가는 길목을 표시한 지명들이라 본다.

광개토왕은 국부의 기본이 되는 소금 확보와 서역과의 교역을 위해 산시성(陝西省)과 간쑤성(甘肅省) 일대를 장악한 것으로 볼 수 있다.

5. 광개토왕의 남벌은 중국 해안선을 따라갔다

광개토왕의 비문에는 서진(西進)뿐만 아니라 남진(南進)하여 왜를 정벌한 기록도 있다.

'영락 9년(399년) 기해년 백잔이 맹세를 어기고 왜와 화통하여 친선을 맺었다. 왕이 순시차 평양에 가셨는데 신라에서 사신을 보내와 왕에게 아뢰기를, "왜인이 그 영토에 가득 들어와서 성과 못을 파괴하고 노객(신라왕)을 왜의 백성으로 삼고자 합니다."라고 고하며 호태왕에게 구원을 요청하였다. 호태왕은 그들의 충성을 동정하여 사절을 다시 보내 그 요청을 허락하셨다(九年己亥 百殘違誓 與倭和通 王巡下平壤 而新羅遣使白王云 倭人滿其國境 潰破城池 以奴客爲民 歸王請命 太王恩慈 矜其忠誠 特遣使還 告以密計).'

비문의 영락 9년(기해)은 399년의 일이다. 백잔(百殘)이 (고구려와의) 맹세를 어기고 왜와 내통하였다 한다. 이때 백제의 왕은 아신왕(阿莘王; 392-405년)이다. (이에) 왕이 평양으로 행차하여 갔다. 그때 신라왕이 사신을 보내어 아뢰기를, "왜인(倭人)이 그 국경(國境)에 가득 차 성지(城池)를 부수고 노객(奴客)을 왜(倭)의 민(民)으로 삼았으니, 다시 왕께로 돌아올 수 있도록 명령을 내려주시길 부탁드립니다."라고 하였다.

필자는 비문의 기사가 정확함을 말하려 한다.

이때 신라왕은 내물이사금이다. 태왕의 신하라는 뜻에서 자신을 낮추어 노객이라고 부르고 있다. 〈신라본기〉에 의하면 내물이사금 37년(392

년)에 실성(實聖)을 고구려에 볼모로 보낸 기록이 있다.

또 '왜인(倭人)이 그 국경(國境)에 가득 차 성지(城池)를 부수고 노객(奴客)을 왜(倭)의 민(民)으로 삼았다'는 비문의 기록과 관련하여, 〈신라본기〉 내물왕 38년(393년) 5월에 왜인이 금성을 포위함으로 전투가 벌어진 일이 있고, 실성왕 2년(402년) 봄 3월에 내물왕의 아들 미사흔(未斯欣)이 왜국에 볼모로 가 있다는 기록이 있다. 왜가 내물왕을 노객으로 삼으려 해서 신라왕이 구원을 요청했다는 비문 내용이 사실로 보인다.

이에 '태왕이 은혜롭게 자애를 베풀어 신라왕의 충성을 긍휼히 여겨, 사신을 돌려보내면서 (고구려 측의) 계책을 (주어) 돌아가서 (신라왕에게) 고하게 하였다.'

당시 신라의 주력이 한반도가 아니라 중국 안후이성 수현(壽縣, 화이난시)에 있었으므로 광개토왕의 원정로는 한반도 서해안이 아니라 중국 동해안이다.

여기서 잠깐, 백잔(백제)이 지난날 고구려에게 어떤 맹세를 했기에 호태왕이 신라의 구원 요청을 쉽게 받아들인 것일까?

이로부터 3년 전의 기사, '태왕 영락 6년(병신: 396년)에 태왕이 몸소 수군을 이끌고 왜적과 (백)잔국을 토벌하였다. 군대가 먼저 왜적의 과구(소굴)에 이르러 18성을 공격하여 취하셨다(以六年丙申 王躬率水軍 討伐殘國 軍至窠臼 攻取壹八城)'는 비문 기록이 있다.

이때 '백잔은 (태왕의) 의(義)에 굴복하지 않고 감히 모든 전투에 맞서 싸웠다. 왕은 크게 노하여 아리수(황하로 추정)를 건너 성(한성)을 압박하시니 백제의 군대가 제 소굴로 도망치므로, 이어 그들의 성을 에워싸 공격하셨다. 백제(아신)왕이 당황하고 다급하여 남녀 노비 1천 명과 가는 베 1천 필을 바쳤다.(殘不服義 敢出百戰 王威赫怒 渡阿利水遣刺迫城 殘兵歸穴 就便圍城 而殘主困逼 獻出男女生口一千人 細布千匹)'

그리고 '왕이 무릎을 꿇고 스스로 맹세하기(跪王自誓)를 "지금부터는 영원히 노객(태왕의 신하)이 되겠습니다."라고 하였다. 이에 태왕은 그들이 처음에 잘못한 허물을 널리 용서하시고, 뒤에 순종하는 정성을 가상히 여긴다고 기록하셨다. 그리하여 58개 성과 7백 마을을 얻고, 백잔 임금의 아우와 대신 10명을 데리고 군대를 철수하여 수도에 돌아왔다.(跪王自誓 從今以後 永爲奴客 太王恩赦先迷之愆 錄其後順之誠 於是得五十八城村七百 將殘主弟幷大臣十人 旋師還都)'

위 기록은 영락 6년(396년)의 일이다. 태왕은 수군을 이끌고 왜와 백제군을 토벌하였다. 이때 아신왕이 태왕 앞에 무릎을 꿇고 노객(신하)이 되겠다는 것과 왜와 연합하여 전쟁을 일으키지 않겠다는 맹세를 서약한 것으로 본다.

영락 9년의 일은 백제 (17대) 아신왕이 영락 6년의 맹세를 어기고 왜(倭)와 연합군을 결성하여 신라를 괴롭힌 일에서 촉발된 것이라 할 수 있다.

『삼국사기』〈고구려본기〉에는 광개토왕이 수군(水軍)을 거느렸다는 기록이 없다. '태왕이 몸소 수군을 이끌고 (백)잔국을 토벌하였다(王躬率水軍討伐殘國)'는 비문의 기록이 없었더라면 묻힐 뻔한 역사이다. 그런데 백제를 공격하면서 왜(?) 수군을 이용했을까? 태왕은 공격 대상을 '백제와 왜(倭)의 연합군'으로 보았고, 왜의 발목을 묶으려면 수군이 필요하다고 보

앉기 때문으로 본다.

'영락 10년 경자(庚子; 400)의 일이다. 보병과 기병 5만을 보내 신라를 구원하게 하였다. 남거성(男居城)에서부터 신라성(新羅城)에 이르기까지 왜인이 가득했는데 (고구려) 관군이 도착하자 왜적이 퇴각하였다. □□□□ □□□ 퇴각하는 왜의 배후를 급히 추격하여 임나가라(任那加羅)의 종발성(從拔城)까지 이르러 성을 함락하니 성이 곧 항복하였다. 이에 (신)라인이 성을 지키게 하여 안정화 시켰다. 또 신라성과 신성의 왜인을 색출하여 뽑아내니 왜구가 크게 궤멸되었다. 성안사람 [이하 원문 16자 결] 열아홉, 왜적을 모두 물리치고 (신)라인 수병에게 맡겨 안돈(安頓) 시켰다.(十年庚子 教遣步騎五萬 往救新羅 從男居城至新羅城倭滿其中 官軍方至 倭賊退 □□□□□□□ 自倭背急追至任那加羅從拔城 城卽歸服 安羅人戍兵 拔新羅城晨城 倭寇大潰 城內[이하 원문 16자 결]十九 盡拒隨倭 安羅人戍兵)' 발본新羅城晨城

(□□□□□其□□□□□□□□□□□□□□□□□□□□□ □□□□辭□□□出□□□□□□□殘□潰□□□城 安羅人戍兵)

일본이 내세우는 정한론(征韓論) 중심에 있는 '임나일본부설'의 '임나가라'가 눈에 띈다. 여기서 임나 가라는 한반도 남해안이 아니고 중국 동해안임을 주의해서 보자.

학자 중에는 임나가라와 안라(安羅)국을 연관지어 해석하기도 한다. 비문의 '안라인수병(安羅人戍兵)'에 대해 '안라인(安羅人), 즉 안라(安羅) 사람을 수병으로 삼았다'고 해석하는 학자들이 있다. 그런데 필자는 영락 10년 고구려 원정이 신라 구원에 목적을 두고 있음을 감안할 때, 고구려군이 성을 되찾아 '(신)라인으로 성을 지키게 하여 안정화시켰다'고 보고 싶다.

비문 3면 2행을 보면 '옛적에는 신라 매금(寐錦)이 몸소 고구려에 와서 보고를 하며 청명(聽命)을 한 일이 없었는데, 국강상광개토경호태왕대에 이르러 (이번의 원정으로 신라를 도와 왜구를 격퇴하니) 신라 매금이 … 하여 (스스로 와서) 조공하였다(昔 新羅寐錦未 有身來□□ □國岡上廣 開土境好太 王□□新羅寐錦□□僕勾).'

비문의 내용은 신라의 왕 매금(寐錦)13)이 고구려에 조공했다 하면서 주종 관계임을 강조하고 있다.

『삼국사기』〈신라본기〉에 의하면, 내물이사금 37년(392년)에 이찬 대서지(大西知)의 아들 실성(實聖)을 고구려에 볼모로 보낸 것으로 보아, 광개토왕의 부왕인 고국양왕(9년) 때 이미 주종 관계였다고 본다.

실성이사금 11년(412년)에는 내물왕의 아들 복호(卜好)를 고구려에 볼모로 보냈다. 이때 고구려의 왕은 광개토왕 때이다.

비문에서 신라 (남)왕을 매금이라 부르고 있다. 광개토왕릉비가 세워지기(414년) 전에 세워진(397년) '충주고구려비'와 그 후 신라 법흥왕 11년(524년)에 세워진 '울진봉평신라비14)'에도 매금이라는 명칭이 나온다.

영락 10년(400년)에 광개토왕이 보병과 기병 5만을 보내 신라를 구원한 전쟁은 그전 해(399년) 신라왕이 노객(奴客)의 예를 갖추어 신라왕이 호태

---

13) 매금의 매(寐)는 침상(寢牀)에서 잠자거나 쉰다는 뜻인데, 매금(寐錦)은 대부분 일과를 비단 금침에서 소요 한다는 묘사이다. 고구려에서 신라왕을 낮추어 바라본 시선이다.

14) 국보 제242호, 경상북도 울진군 죽변면 봉평2리 118번지에서 발견되었다. 신라 법흥왕11년(524)에 세워진 것으로 추정하고 있다.

왕에게 간곡히 간청해서 이뤄진 일이다. 간곡히 간청한 신라 왕은 조카 실성을 고구려에 볼모로 보낸 내물이사금이다.

당시 려, 제, 라, 왜의 위치는 어떠했을까?

중국 사서가 말하는 백제의 위치로 대강 가늠할 수 있다.

『통전15)』에서 '백제는 남쪽으로 신라에 닿았고, 북쪽으로는 고구려에 이르고 서쪽으로는 큰 바다를 한계로 한다(通典云 百濟南接新羅 北距高麗 西限 大海)'고 했다.

백제 근초고왕 전후의 요서 백제의 위치로 본다. 백제 서쪽의 대해(大海)는 베이징 서쪽 해하(海河)를 말한다. 신라의 중심부가 이동하여 백제의 남쪽에 위치한 것이다.

북쪽에서 남쪽으로 고구려, 백제, 신라 순으로 배치되어 있다. 그리고 신라 (양쯔강) 남쪽에는 월주 땅에 왜가 있었다. 국제 정세로 볼 때 신라는 백제와 왜의 사이에 있었고, 백제는 고구려와 대결국면에서 왜의 용병을 활용했을 개연성이 있다.

근초고왕이 왜왕에게 하사했다는 칠지도(七支刀), 일본에서 주장하는 신공황후와 근초고왕 부자의 만남과 맹약, 아신왕 6년(397년)에 태자 전지를 왜의 인질로 보낸 일, 개로왕 때 동생 곤지를 인질로 왜에 보낸 것 등으로 보아 백제와 왜는 용병(傭兵)을 매개로 한 인질 외교 관계가 아닌가 한다. 이렇게 백제와 왜가 밀착된 관계에서 고구려의 힘에 의지하는 신라를 협공했을 것이고, 위기감을 느낀 신라가 고구려에 구원을 요청했던 것으로 본다.

---

15) 통전(通典)은 당(唐)의 두우(杜佑)가 저술한 책이다. 중국(中國) 역사상 최초로 형식이 완전히 갖추어진 정치 서적으로 언급된다.

6. 광개토왕은 일본 열도에 상륙하지 않았다

『환단고기』 중 『태백일사』〈고구려국 본기〉에도 광개토왕에 대한 기록이 있다.

'광개토경호태황은 융공성덕(隆功聖德)하여 어느 왕보다 탁월했다. 사해 안에서는 모두 열제(烈帝)라 칭한다. 나이 18세에 광명전에서 등극하고〈중략〉일단 스스로 바다를 건너서는 이르는 곳마다 왜국(倭國) 사람들을 격파하였다. 왜인은 백제의 보좌였다. 백제가 먼저 왜와 밀통하여 왜로 하여금 신라의 경계를 계속 침범하게 하였다. 제(帝)는 몸소 수군을 이끌고 웅진(熊津), 임천(林川), 와산(蛙山), 괴구(槐口), 복사매(伏斯買), 우술산(雨述山), 진을례(進乙禮), 노사지(奴斯只) 등의 성을 공격하여 차지하고 도중에 속리산(俗離山)에서 이른 아침에 하늘에 제사 지내고 돌아왔다. 때에 곧 백제·신라·가락의 여러 나라가 모두 조공을 끊임없이 바쳤고, 거란·평량도 모두 평정 굴복시켰다. 임나와 이왜의 무리는 신하로서 따르지 않는 자가 없었다. 해동이 번성함은 이때가 그 극성기이다(廣開土境好太皇 隆功聖德卓越百王 四海之內咸稱烈帝 年十八登極于光明殿〈중략〉一自渡海所至擊破倭人 倭人百濟之介也 百濟先與倭密通 使之聯侵新羅之境帝 躬率水軍攻取 熊津·林川·蛙山·槐口·伏斯買·雨述山·進乙禮·奴斯只等城 路次俗離山期早朝祭天而還 時則百濟新羅駕洛諸國皆入貢不絶 契丹·平涼皆平服 任那伊倭之屬莫不稱臣 海東之盛於斯爲最矣).'

광개토왕이 몸소 수군을 이끌고 출병한 목적은 왜를 섬멸하는 일이다.

백제가 오래전부터 왜와 밀통하여(百濟先與倭密通) 왜인이 신라를 침범한 것은 왜가 백제의 보좌(補佐) 역할을(倭人百濟之介也)했기 때문으로 보는 것이다. 출병 결과 백제·신라·가락의 여러 나라가 모두 조공을 계속하여 (고구려에) 바쳤다고 한다.

이 출병 기사는 광개토대왕비에 기록된 영락 6년(396년)의 일로 보며, 백제 아신왕으로부터 항복문서를 받아낸 때이기도 하다.

또 거란(契丹)과 평량(平凉)을 평정하여 굴복시켰다고 하였는데, 비문에 새겨진 영락 5년(395년)의 일과 같은 기사로 본다. 이때의 평정군은 수군이 아니라 육군이다. 평량(平凉)은 간쑤성(甘肅省) 평량현에 속하며, 칭하이성(青海省)의 차카염호(鹽水)로 가는 길목에 있다. 3-4세기 때 토욕혼(土谷渾)에 속한 지명으로 보인다. 광개토왕 비문의 신뢰를 높여주고 있다.

또 하나 임나(任那)와 이왜(伊倭)의 무리가 신하로서 따르지 않는 자가 없었다는 것은 영락 10년(400년)에 수군을 통해 왜를 정벌한 때로 본다. 이같이 〈태백일사〉의 내용은 앞서 소개한 〈광개토대왕 비문〉과 비슷하다.

앞글 『태백일사』의 기사에서 광개토왕이 수군을 이끌고 공략했다는 경로가 나온다. 이를 번역하는 과정에서 성(城)의 명칭들을 한반도에 있는 지명으로 해석하여 비정한 국내 학자가 있다. 예를 들면, 충북 보은에 있는 속리산(俗離山)으로 보는 것도 그렇고, 웅진(熊津)을 충남 공주로, 임천(林川)을 충남 부여군 임천면으로, 와산(蛙山)을 충북 보은으로, 괴구(槐口)를 충북 괴산으로, 복사매(伏斯買)를 충북 영동으로, 우술산(雨述山)을 충남 공주군과 대덕군으로, 진을례(進乙禮)를 충남 금산군과 전북 무주군으로, 노사지(奴斯只)를 지금의 대전 유성으로 비정16)하고 있다.

최근에는 이를 근거로 그려낸 고구려 수군의 이동 경로와 왜의 북침 경로를 그린 지도까지 인터넷에 떠다니고 있다.

이에 동조하는 이들이 다음과 같은 해석상의 모순을 찾아내지 못하고 있다. 비정(比定)한 지명들이 바닷가가 아니라 내륙 깊숙한 곳이라는 점이다. 수군을 이끌고 공략하는 대상은 왜의 선박과 해안가에 있는 시설물일 것이다. 수군이 내륙 깊숙한 곳에서 장기간에 걸쳐 작전을 수행한다는 것은 모순이다. 잘못된 비정이라 본다. 『태백일사』에 나온 지명은 중국의 해안가에 있다고 본다.

이와 같은 발상에 대해, 필자가 보기엔 앞에서 누누이 언급했던 대로 백제가 한반도 서남부에 있다는 가정 아래 해석한 것이라고 본다. 백제가 한반도에 존재했다면, 굳이 수군을 힘들게 편성할 필요가 없다. 수군이 운송해야 할 병력은 한계가 있기에 북쪽에서 남쪽으로 막강한 보병과 기병을 앞세워 진군하면 될 일이다.

당시 고구려의 경계로 보이는 충주 고구려비에서 속리산까지는 직선거리로 약 60킬로미터이다. 충주까지는 고구려 땅인데 그곳에서 속리산까지 조금만 더 진군하면 될 일을 수군을 동원하여 어렵게 추진할 일이 아니라고 본다.

필자의 주장에 대해, 일본 열도의 왜를 공략하려면 수군이 필요하다고

---

16) 임승국 역, 전게서, p.266.

반론을 제기할 수 있다. 이들에게 다시 질문한다.

　일본 열도로 가야 할 수군이 왜(?) 속리산까지 정복하며 시간과 물자를 낭비하였을까?

　광개토왕이 정말 일본 열도에 상륙했을까?

　일본 열도에 상륙하지 않았다고 본다.

　첫째는 수군으로 운송할 수 있는 병력의 수는 한계가 있다. 그리고 만약 적지에서 고립된다면 탈출할 방법이 없다는 것이다.

　둘째는 수군이 한반도 남해안에서 일본 열도를 정복하려면 범선을 이용해야 하는데, 계절풍을 따라야 한다. 노련하고 익숙한 뱃사람이 단독 항해라면 무역풍을 이용할 수도 있다. 그러나 무역풍을 이용하려면 대강의 시기를 예측할 수 있지만 정확한 날짜는 요즈음 일기예보처럼 하루 이틀 전에 알 수 있는 일이다. 무역풍이 자주 있는 것도 아니다. 중국 위·촉·오의 삼국지에 보면 제갈공명이 무역풍을 이용하여 적벽대전을 승리로 이끈 일이 있지만 고구려 수군이 남해안에서 대선단을 이끌고 언제까지 기다릴 수는 없는 일이다. 더구나 무역풍은 부는 기간이 짧아서 대선단이 이동하기에 알맞지 않다. 무역풍이 아니라 계절풍을 이용한다면 갔다오는데 빨라야 6개월이 걸린다. 만약 반년 동안 왕조의 조정에서 제왕이 보이지 않는다면 왕권 유지에도 문제가 있게 된다.

　셋째는 다음 마한편에서 자세히 밝히겠지만 광개토왕 당시 왜의 본거지 '야마토'가 일본 열도에 있지 않았고, 중국 남동해안에 있었다. 광개토왕이 왜(倭)가 없는 일본 열도에 상륙할 이유가 없다고 본다.

　이런 점에서 볼 때 광개토왕은 한반도에서 일본 열도로 분명히 건너가지 않았다고 할 수 있다.

그렇다면 광개토왕이 일본 열도를 상륙하지 않았음에도 불구하고 왜군을 격파했다는 기록을 어떻게 받아들일 것인가?

광개토왕은 신라가 백제와 왜의 침공으로 전쟁을 벌이고 있는 중국 동해안을 따라 남행한 것이다. 해안선을 따라 이동했다면 연근해 항해라 할 수 있다.

영락 5년(395년)의 일이라면 4세기 말이다. 그 당시 선박의 크기와 구조는 어떠하였을까?

고대 선박 연구가 이원식 박사는 8세기 일본의 견당선(遣唐船)이 백제선과 같다[17]는 기록을 토대로 그것의 수치를 대입시켜 백제선을 복원했다. 8세기 선박을 근거로 이보다 1세기 전의 선박을 유추한 것에 대해 필자는 긍정적으로 보고 있다. 당시 동아시아가 황해를 중심으로 선박에 의해 연결되고 있어, 선박이 어느 나라 소유이든 비슷한 발달 단계를 거쳤다고 볼 수 있기 때문이다.

견당선은 일본이 당나라에 사신을 보낼 때 등 외교적 왕래에 쓰였다고 한다. 백제선의 구조는 밑바닥이 평평한 평저선이다. 통나무를 횡으로 다섯 쪽 이상 이어주고, 현판을 석 장, 다섯 장 혹은 일곱 장 정도 붙이고 노와 키와 돛을 모두 갖춘 선박이 존재했었다고 한다.

우리나라 선박 발달사를 살펴보면, V자형 구조를 가진 선박이 등장한 것은 장보고(張保皐, 785-846년)의 출현 전후라고 본다. 이런 배로 청해진(완도)을 거점으로 하여 당나라와 일본 열도를 잇는 무역 활동도 병행한 것이다. 이때 이미 황해의 수심이 깊어졌고 더구나 일본으로 가까이 갈수

---

17) 엔닌의 견당은 9세기(838년)이고, 100년 전(8세기)에도 평저선인 견당선이 있었다. 백제가 멸망한 것은 7세기(660년)이다.

록 더욱 사나운 파도를 이겨내야 했다.

최근(1983-1984년) 전라남도 완도군 약산면 어두리 앞바다에서 11세기 중기 후반(고려시대)의 유물로 보는 고대 선박 1척을 발굴하였다. 잔존 선체의 길이는 9.0m, 너비는 3.5m, 깊이를 1.7m로 추정하고 있다(출전: 국립해양유물전시관). 이 선박(속칭 완도선)의 배 밑은 두꺼운 통나무 밑판 5쪽을 평평하게 맞대어 붙였다(출전: 이원식, 『한국의 배』, 대원사. 1990)는 것으로 보아 평저선으로 보인다.

7. 광개토왕의 남벌은 수륙 양면 작전이다

광개토왕이 직접 지휘했던 수군의 규모가 어떠했는지 기록이 없어서 알 수 없다. 그러나 선박 발달사에 견주어 보면, 이원식의 백제선(百濟船)보다 200여 년 전의 일이고, 속칭 완도선보다 700여 년 전 일이므로 수군의 주력 선박의 길이가 9m와 같거나 이보다 작은 평저선이었을 것이다.

평저선으로 중국 동해안의 연근해 항해는 가능한 일이다.

광개토왕이 이끄는 주력 선박의 크기와 구조가 이와 같다면 배 한 척으로 몇 명의 군사를 수송할 수 있을까?

비문의 기록처럼 18개의 성을 공략하는 장기간의 전투이므로 식량과 식수가 충분해야 하고, 병사마다 소지할 무기까지 감안한다면 승선 인원은 10명 내외일 것이다.

수군의 선단 규모를 승선 인원으로 가늠한다면 1만 명일 때 선단 규모는 1천 척이 된다. 1,000명이면 선단 규모는 100척이 된다.

그런데 수군이 상륙하려면 아무 바닷가에서나 가능한 일이 아니다.

공략하고자 목표로 삼고 있는 성(城)은 해변과 가까이 있었을 것으로 보이고 이 성과 연결된 포구(혹은 항구)로 상륙해야 하지 않았을까 한다.

그리고 상륙하여 작전을 수행하는 동안 타고 온 선박을 포구에 묶어 두어야 하지 않을까?

그 당시, 포구의 규모가 100척 이상 드나들 수 있었을까?

100척이면 상륙군은 1,000명이고, 500척이면 5,000명이다.
수군이 육지에 상륙하면 보병에 불과하다. 날랜 기병만 못하다.
광개토왕은 이렇게 한정된 인원을 이끌고 어떻게 18개 성을 공격해 연승했을까?

육군과 발을 맞추지 않으면 이렇게 연승할 수 없는 일이다.
수륙 양면작전을 계획하고 수행한 것으로 보인다.
광개토왕은 영락 6년(396년) 원정 때 수군(水軍)을 거느렸다고 했는데 영락10년(400년) 신라를 구원하려고 보병과 기병 5만을 파병할 때도 왜구를 섬멸하려면 수군이 동원됐을 것으로 본다. 육군과 수군의 수륙양면 작전이 있었다고 본다.
고구려군의 뿌리는 기마민족에 가깝다. 전통적으로 수전에 약했을 것이다. 광개토왕이 수군을 양성하고 남벌 정책에 활용한 데는 수륙 양면 협공 외에 또 다른 목적이 있었다고 본다. 왜의 발목을 끊는 일이었다.
비문에 기록된 것처럼 왜는 '매양 바다를 건너와 괴롭혔다'는 점과 다음 글에서 언급하겠지만 왜의 줄기가 양쯔강 이남에 있는 월나라와 일본열도와 중국 남부 해안까지 뱃길로 연결되고 있다는 점을 광개토왕은 이미 알고 있었다고 본다.
왕이 수군을 동원한 가장 큰 이유는 왜구가 타고 온 선박을 나포하거나 파손하여 도망가지 못하게 하고 발목을 끊어 궤멸시키는 일이다.

광개토왕의 수륙 양면 작전이 실제로 가능한 일인가?
필자의 가설을 현실적으로 입증할만한 사료가 있다.

그 하나(1)는 앞에서 읽은 최치원의 장계이다. '중국 땅에서 100만 대군을 동원할 수 있다.'고 하는 주장이다. 중국 땅 깊숙이 고구려 육군이 침투하였고 일정한 영역을 지배했다고 본다.

그 둘(2)은 장수왕의 손자 '문자호태열제(문자명왕)는 명치(明治)라고 개원하였다. 11년에 제·노·오·월의 땅이 고구려에 속했다. 이에 이르러 나라의 강역은 더욱 커졌다(文咨好太烈帝改元明治十一年齊魯吳越之地屬我至是國彊漸大).'[18] 라는 〈태백일사〉의 기록으로 보아 월주(越州)까지 내륙으로 이동이 가능한 일이다.

그 셋(3)은 이 글 다음에 소개하는 강소성 양주에 있는 고민사(高旻寺)라는 절의 내력이 말해 준다. 그곳에 고구려 관련 유물이 있다. 고구려의 영역이라고 볼 수 있다.

그 넷(4)은 『태백일사』에 '장수홍제호태열제(長壽弘濟好太烈帝, 장수왕)는 신라 (왕)매금(寐錦), 백제 (왕)어하라(於瑕羅)와 남쪽 평양에서 만나 납공(納貢)과 수비 군사의 수를 정했다'[19]는 기록이 있는데, 그 전왕 광개토왕과 백제 아신왕 때부터 이와 같은 약정이 시작되었을 것이고, 이후에도 매년 납공한 것으로 보인다. 이처럼 수비 군사의 수를 정했다면 백제의 손발이 묶인 상태에서 고구려군이 중국의 동해안 지역을 누비고 다닐 수 있었을 것이다.

이와 같은 점을 종합하여 볼 때 고구려의 육군이 광개토왕의 수군과 발맞추어 남행할 수 있었다고 본다.

그러면 고구려군의 남행은 어디까지 계속되었을까?

---

18) 임승국 역, 전게서, P.268.
19) 상게서, P.268.

이에 대한 답을 『태백일사』〈고구려국 본기〉에서 찾을 수 있다.

이맥(李陌)이 말한 왜의 위치를 보자. '왜는 회계군(會稽郡) 동쪽에 있는 동야현(東冶縣)의 동쪽에 있다. 뱃길로 바다 건너 9천 리를 가면 나패(那覇; 나하)에 이르고, 또 일천 리를 가면 근도(根島; 네시마)에 이른다. 근도(네시마)를 저도(柢島; 도시마)라고도 부른다. 당시에 구노(狗奴)사람이 여왕(?)과 서로 다퉈 찾아가는 길을 매우 엄하게 지키고 있었다. 그래서 구야한국으로 가려는 사람은 대개 진도(津島; 쓰시마), 가라산(加羅山), 지가도(志加島)를 거쳐야 비로소 말로호자(末盧戸資; 말로국) 땅에 이를 수 있었다. 그 동쪽 경계가 구야한국 땅이다(倭在會稽郡東 東冶縣之東 舟渡九千里 至那覇 而又渡一千里 至根島 根島 亦曰柢島 時狗奴人與女王相爭 索路甚嚴 其欲往狗邪韓者 盖由津島加羅山志加島 始得到末盧戸資之境 其東界則乃狗邪韓國地也).'

『태백일사』를 쓴 이맥이 광개토경호태황(광개토왕) 조 끝에 회계군의 동야현을 끌어들여 왜를 소개한 까닭이 무엇일까?

아마도 광개토왕의 행적을 보다 선명하게 파악하고자 한 것으로 보인다. 왜로 가는 뱃길을 구체적으로 밝힐 수 있었던 이유는 광개토왕이 파악한 전황(戰況) 덕으로 본다.

왜의 위치를 파악하기 전에, 먼저 회계군(會稽郡)은 중국 저장성(浙江省)에 있으며, 춘추시대 월나라의 본거지다. 회계군의 중심지 사오싱(紹興)은 월나라의 도읍지였다. 그 동쪽에 있는 동야현(東冶縣)에는 훗날 송나라-고려 뱃길의 출발지인 닝보(寧波)가 있다. 동야현 동쪽 바다에 주산군도(舟山群島)가 있다.

그리고, 일본 규슈에서 남서쪽으로 뻗어나간 난세이제도(南西諸島)가 있는데, 그곳에서 가장 큰 오키나와섬의 남단에 있는 '나하'라는 도시가 바로 나패(那覇)를 말한다.

지가도(志加島)[20]는 후쿠오카 부근에 있으며 결국 지가도와 구야한국[21]은 규슈에 있다고 할 수 있다.

이맥이 말한 왜(倭)의 위치는 동야현 동쪽에 있다고 하였다. 선박을 주로 이용하는 왜가 동야현 동쪽에 있는 주산군도를 이용하고 있었다.

동야현 동쪽 닝보에서 출발한 돛단배는 남쪽으로 중국 동해안을 따라가다가 원저우(溫州)를 지나 푸젠성(福建省)의 푸저우(福州)와 취안저우(泉州)를 지나면 뱃머리를 동쪽으로 돌려 타이완섬으로 향한다. 타이완의 서안(西岸)에 있는 타이중(臺中)에서 섬의 북단에 있는 타이베이(臺北)를 돌아서 다시 섬의 동안에 있는 화렌(花蓮)에 당도하면 다시 동쪽으로 뱃머리를 돌려 이리오모테섬(西表島)이 있는 사키시마제도를 지나 나하(나패, 那覇)에 이른다.

뱃길을 상세히 적은 까닭은 저장성 동야현에서 이곳까지 9,000리라 했는데 얼마나 멀고 험한 뱃길인가를 곱씹게 하기 위함이다. 나패에서 난세이제도를 지나 규슈의 가고시마까지를 1,000리라 했다.[22]

---

20) 시카노시마(志加島 또는 志賀島)는 규슈의 북안 후쿠오카에 있는데, 현해탄과 하카타만을 가로지르듯 가늘게 뻗은 약 12킬로미터의 사구반도(沙丘半島)인 우미노나카이치(海中道)의 끝에 있는 섬이다. 우미노나카이치와는 다리로 연결되어 있다. 이곳에서 1784년에 간노와노나노 국왕(漢倭奴國王)이라고 새겨진 황금 옥새(玉璽)가 발견됐다고 하는데 진위는 알 수 없다. 이 옥새는 후한 광무제가 노국왕이 보낸 사자에게 건넸다는 설이 있다.
21) 임승국 전게서. pp.265-266에 의하면 1세기경 고구려의 협보가 규슈에 당도한 곳이다.
22) 현대 지도를 펼쳐놓고 보면 1리를 0.4킬로미터로 계산할 때 동야현에서 나하까지 뱃길로 6,000리가 조금 못되고, 나하에서 가고시마까지 2,000리가 조금 넘는 거리이다. 가고시마에서 지가도(志加島)까지 가려면 뱃길로 1,000리를 더 가야 한다.

이맥은 다시, 구노(狗奴)사람과 여왕[23]과의 다툼으로 인해 가는 일이 쉽지 않으므로 규슈에 있는 구야한국으로 가는 길이 하나 더 있다고 했다.

그것은 동야현 동쪽 닝보항에서 주산군도를 지나 해저 소백산맥 항로[24]를 따라 한반도의 소흑산도를 거쳐 남해안을 따라 동쪽으로 가다가 사천시 창선도 늑도에서 쓰시마를 지나 지가도(志加島)를 거쳐 후쿠오카로 가는 항로이다.

---

23) 일본의 고훈시대, 히미코(卑彌呼, 비미호, ?-247년 또는 248년) 여왕으로 본다.
24) 오운홍, 전게서. pp.289-293.

8. 광개토왕의 남벌은 양쯔강 이남 회계군까지이다

그 이유는 첫째, 왜의 세력이 양쯔강 이남의 월나라와 일본 열도 중 오키나와제도의 나패까지 이어져 정복하기 어렵다는 점을 강조한 것이고, 둘째 광개토왕이 회계군 동야현까지 정복했다는 것이고, 셋째 일본 열도까지 가려면 이렇게 험난한 데, 그곳까지 가지 않았다는 것을 암시하기 위한 것으로 본다. 독자들은 이 부분에서 일본 열도와 왜의 위치에 대해 혼란스러울 것이다.

광개토왕이 활동하던 400년 전후에는 야마토 왜의 영향력이 일본 열도의 혼슈나 규수에 미치지 못했다고 본다. 기회가 있으면 〈마한편〉에서 밝히겠다. 왜(倭)=일본 열도라는 등식의 인식은 잠시 내려놓고 다음 글을 읽어가면 광개토왕 당시 왜(倭)가 일본 본토에 자리 잡지 못했음을 이해할 수 있다.

이맥은 왜의 연결 줄기를 『태백일사』 〈고구려국본기〉에서 덧붙이고 있다.

'회계산(會稽山)은 본래 신시의 『중경(中經)25)』이 간직된 곳이다. 사공(司空) 우(禹)가 제계하기 사흘 만에야 겨우 치수의 비결을 얻어 공을 세울 수 있었기 때문에 우(禹)는 돌을 벌채하여 부루(夫婁)26) 태자의 공을 산의

---

25) 천부경에 나오는 중경(中經)으로 본다.
26) 단군왕검의 태자로서 후일(BC2240) 2세 단군으로 즉위했다.

높은 곳에 새기었다고 한다. 즉 오월(吳越)은 본래 구려(九黎)의 옛 읍이며 산월(山越)과 좌월(左越)은 모두 그 후예가 나뉘어 옮겨 산 땅이다. 항상 왜와 왕래하며 무역하여 이익을 얻는 자가 매우 많았다(會稽山本神市中經所藏處而 司空禹齊戒三日而得乃有功於治水故禹伐石刻夫婁功於山之高處云 則吳越本九黎舊邑山越左越皆其遺裔分遷之地也 常與倭往來 貿販得利者漸多).'

이와 연관된 기록이 『단군세기』에도 있다.

'갑술 67년(BC2267), 단군께서 태자 부루(夫婁)를 파견하여 도산(塗山)에서 사공(司空) 우(虞)와 만나게 하였다(甲戌六十七年帝遣太子夫婁與虞司空會于塗山).'는 기록이 있다.[27]

콰이지산(會稽山)은 저장성 회계군의 중심도시 사오싱(紹興)의 남쪽(E120°30′ N30°)에 있다. 최고봉인 향로봉(354m) 아래 양명동천(陽明洞天)이 있는데 이곳이 바로 우왕(禹王)이 죽어 묻혔다는 우혈(禹穴)이 있는 곳이다. 또한 춘추시대(春秋時代)의 월왕(越王) 구천(句踐)이 오왕(吳王) 부차(夫差)에 패하여 와신상담(臥薪嘗膽)으로 역전승했다는 고사로도 유명한 산이다.

이맥은 오월이 모두 구려(九黎)의 후예라 했다. 산월(山越)과 좌월(左越)로 나뉘었다고 한다. 산월과 좌월의 경계를 콰이자산(會稽山)으로 보고 있

---

[27] 우선 눈에 띄는 부분이 『태백일사』에서는 '사공(司空) 우(禹)'라 했고, 『단군세기』에서는 '사공(司空) 우(虞)'라 했다. 둘 다 태자 부루(夫婁)를 만난 것으로 보아 같은 사람에 대한 다른 기록으로 본다. 천자(天子)의 자리에 오른 순(舜)임금은 BC2267년 우산(羽山)에서 곤(鯀)에게 치수에 실패한 죄를 물어 처형하였다. 그리고 순임금은 곤의 아들 우(禹)에게 치수를 맡겼다. 이 우(禹)가 당시 건설 담당인 사공(司空)의 벼슬을 맡음에도 업무에는 치수를 겸하고 있었다. 그래서 우(禹)를 '우(虞) 사공(司空) 우(禹)'라 한다. 우(虞)는 순임금의 나라 이름이다. 이런 이유에서 혼용된 기록이 나타난 것으로 본다.

다. 산월(山越)은 콰이자산에서 남서쪽을 말한다.

그렇다면 좌월(左越)은 어디를 말함인가?

역사 기록의 중심지 뤄양(洛陽)이나 한나라 이전 역사의 중심지 베이징(北京)에서 남쪽 월나라를 바라볼 때, 콰이자산 좌측에 있는 지역을 말한다. 이곳에 오나라 도읍지 쑤저우(蘇州)도 있다.

이맥의 시각을 빌려서 광개토왕의 심중을 읽으면, 좌월(左越)을 왜로 보지 않았고 산월(山越)과 좌월의 기점 회계군을 '왜의 전진 기지'로 본 것이다.

그렇다면 왜(倭)의 중심부는 어디인가?

이맥의 시각이나 광개토왕의 시선이 중국의 사서가 말하는 곳과 같다고 본다.

이맥의 시각이나 광개토왕의 시선을 중국 사서가 입증하고 있다.

중국의 사서, 『삼국지(三國志)』와 『후한서(後漢書)』에 왜인(倭人)이 왜(倭)라는 명칭으로 나온다. 왜(倭, 衛)가, 동북 회계(會稽), 동남 대만(臺灣), 서북 담이(儋耳; 廣西省), 서남 주애(朱崖), 해남도(海南島: 하이난 섬) 사이에 있다 하였다. 『후한서』〈왜전〉에 관계된 지명으로 회계(會稽), 주애(朱崖), 담이(儋耳), 이주(夷洲), 단주(澶洲)가 있는데 회계(會稽)는 절강성(浙江省), 담이(儋耳)는 귀주성(貴州省), 주애는 해남도(海南島), 단주(澶洲)는 항저우(杭州) 입구이다. 그리고 이주(夷洲)는 바로 대만(臺灣 = 타이완)을 나타내고 있다.

필자의 견해를 덧붙이면 광개토왕 당시 왜가 야마토(大和)로 불리고 있는데, 야마토(やまと)의 야마(やま)는 산(山)이고, 도(と)는 도읍(都邑)을 뜻

한다. 중국 사서가 말하는 푸젠성, 광둥성 해안가는 우이산맥(武夷山脈)의 언저리이며 대단한 산악지역이다. 야마토라는 국명으로 보아 이곳에 근거를 둔 것으로 본다.

또 하나 왜가 스스로 기록한 일식 기록을 분석한 자료가 입증하고 있다.

왜에 뿌리를 둔 일본은 그들의 상고사(일본서기 상고 편)를 만들 때, 엿가락 늘리듯 자기들 마음대로 연장했지만, 그들 조상이 기록해 두었던 일식 기록만큼은 마음대로 조작할 수 없었다. 그들의 일식 기록 중 가장 오래 된 일식 기록(AD628-709)을 천문학자 박창범 교수가 분석했다. 이 시기는 일본의 야마토(大和) 시대에 해당한다. 일식 관측지는 동경110-126°, 북위12-26°이다. 이 지역은 대만, 중국의 하이난섬, 푸젠성(福建省), 필리핀의 루손섬이다.

놀랍게도 중국의 사서가 밝힌 왜의 위치와 거의 일치하는 지역이다. 왜가 자기네 국사를 기록28)할 수준의 국가 단계를 갖출 때까지 중국 남부의 절강성과 타이완섬, 광서성과 하이난섬을 왜인의 중심지로 봐야 한다.

또하나 덧붙이자면 필자의 『고대사 뒤집어 보기』에서 신라와 왜의 접

---

28) 일본에서 가장 오래된 역사책, 『일본서기』는 덴무 천황의 명을 받은 도네리 친왕 중심으로 680년경에 시작하여 720년에 완성했다고 한다. 편찬 시기가 아스카시대(538-710) 후반에 시작하여 나라 시대(710-784) 전반이고, 박창범 교수가 분석한 일식 기록(628-709)이 동경110-126°, 북위12-26° 지역인 점을 감안하면 『일본서기』는 일본 열도로 진입하면서 그 이전 중국 동남해안의 역사도 예를 들어 고훈(고분(古墳)) 지역 등에 묶어 정리된 것 같다. 『일본서기』에 나오는 지명들이 모두 일본 열도로 보이는 것은, 나라 시대 이후에 열도의 주인이 되어 이름 없던 곳에 새로 지명을 명명할 때 중국 동남해안의 지명을 차용하여 일본 열도에 적용한 결과라고 본다.

경에 대하여, 혁거세거서간 8년(BC50) '왜인의 침범' 이후 내물이사금 38년(393년)의 '왜인의 금성포위[29]'까지 10건의 충돌사건을 보며, 신라와 왜가 양자강을 경계로 다툼이 많았다. 중국 동해안을 따라 침범한 것으로 볼 수 있다.

당시 왜와 연합한 백제는 해양세력이고 고구려는 육군 주력의 기마부대이다. 그러한 이유에서 광개토왕이 수군을 편성한 것이다.

광개토왕이 왜를 정벌하고자 하는 남벌에는 수륙 양면 작전이 핵심이며, 병행하여 작전에 참여한 육군은 수군이 왜의 근거를 분쇄할 때 보조적 역할을 하기도 하였다. 중국 동해안 곳곳에 있는 왜의 덩굴성 줄기를 제거하기 위한 것이다. 종합정리하면, 남벌의 끝은 절강성 회계군으로 본다.

---

29) 오운홍 전게서. p.56.

9. 강소성 양저우에서 고민사(高旻寺)를 만나다

강소성 양저우(楊州)를 관광하다 보면 양주의 8대 고찰 중의 하나인 고민사를 만날 수 있다. 양주시 남동쪽 '고운하(古運河)' 하류에 천중탑(天中塔)으로 유명한 고민사가 있다. 천중탑은 청(淸)나라 순치제(順治帝, 재위 1643-1661년) 때 건립되었다고 하는 9층 목조 건물이다.

'고운하'는 양저우시 동편에 있다. 이 운하는 소백호(邵伯湖)와 양쯔강 하류를 잇는 물길이다. 이 '고운하'는 뤄양(洛陽)까지 이어지는 운하의 시발점이기도 하다. 수나라 황제 양광(煬帝, 569~618년)이 이곳까지 뱃놀이를 즐기던 곳이라 한다. 운하 동편에 강도궁(江都宮; 양주시 강도구 소재)이 있는데, 그곳에서 수양제가 자신의 심복 우문화급(宇文化及)에 의해 피살되었다. 강도궁과 고민사는 운하를 사이에 두고 있다.

그런데 고민사가 우리에게 주목을 받는 이유는 고민사(高旻寺)의 사찰 내력에 있다. 중국 문물국에서 소개한 글이 있다.

【高旻寺】
國家重點保護寺院 位于楊州市南郊古運河與儀揚交淮處的三儀河口 楊州八大古刹之一 始建于隋代 相傳廟僧多精通醫道 治愈高麗太子之病 高麗國王贈以金銀擴建寺院 寺建成時 取高麗國的高字和多的字 定名爲高寺 寺內原有大殿 御碑亭 金佛殿 天中塔 御碑寺 藏經樓諸建筑

운하 너머로 보이는 고민사의 천중탑
(출처: http://blog.naver.com/ihoh20)

고민사 현판 아래로 사찰 경내 천중탑이 보인다
(출처: http://blog.naver.com/ihoh20)

'고민사(高旻寺)'는 국가 중점 보호 사찰이다. 양주시 남쪽 옛 운하와 의양이 서로 돌아드는 3개의 하천이 교차하는 하구에 있다. 양주의 8대 고찰 중의 하나이다.

수나라 시기에 처음 건축되었는데, 전하는바 이곳에 의술(醫術)에 정통한 승려의 사당이 있었다는데 고구려 태자의 병을 치료하기 위하여 (고구려의) 왕이 금과 은 등 재물을 기증해 사원을 확장하여 세웠다. 절을 건립할 때에는 고구려국의 높을 고(高)자를 취하여 고민사(高旻寺)라 이름을 지었다고 한다.

절 내에는 대웅보전(大雄寶殿), 어비정(御碑亭), 금불전(金佛殿), 천중탑(天中塔), 어비사(御碑寺), 장경루(藏經樓) 등의 여러 건축물이 있다.'(출전: 중국의 문물국 해설)

이 글에서 관심이 집중되는 구절은, '수나라 시기에 처음 건축'됨과 '고

구려 태자의 병 치료', '고구려 왕이 금과 은 등 재물 기증', '고민사의 고(高)자는 고구려를 뜻함' 등이 예사롭지 않다. 수나라 때 고구려의 지원으로 건립된 사찰이라고 볼 수 있다.

가장 먼저 궁금한 것은, 이 글에 등장하는 고구려 왕이다. 수나라(581-619년) 때 재위에 있던 고구려의 왕을 찾는 일이다. 고구려 왕실 세계(世系)에 의하면 25대 평원왕(559-590년), 26대 영양왕(590-618년), 27대 영유왕(618-642년)이 수나라 시기와 겹친다. 수나라 존속 39년 동안 평원왕은 10년이, 영양왕은 29년이, 영유왕은 2년이 겹친다.

이들 중 태자의 병 치료와 관련 있는 왕은 누구인가?

평원왕(25대)의 맏아들 대원(大元)이 영양왕(26대)으로 등극했으니 평원왕은 의문의 고구려 왕 후보에서 일단 배재해 보자.

영양왕(26대)의 경우, 아들 기록이 끊기고 왕의 동생 영유왕(27대)이 대를 잇고 있다. 가능성이 높다 하겠다.

영유왕(27대)의 경우는 아들 환권(桓權)이 어떤 이유(개소문의 찬탈)에서인지 왕위를 잇지 못하고 조카(동생의 아들) 보장왕(28대)으로 이어진다. 영유왕도 가능성이 있다. 그런데 영유왕은 수나라와 겹치는 기간이 2년이다. 왕위에 오르자마자 2년 만에 태자의 병구완을 위해 사찰 신축을 마칠 수 없는 일이다. 가능성이 매우 낮다.

의문의 고구려 왕은 영양왕으로 본다. 그리고 영양왕의 태자 이름을 고민사(高旻寺)와 닮은 고민(高旻)으로 보는 학자도 있다.

이렇게 보면 또 다른 따져볼 문제가 뒤따른다.

영양왕은 수나라의 1차(30만 명), 2차(130만 명), 3차(중도 철군), 4차(중도 철

㉮) 침입을 막아낸 역경의 왕이다. 그런데 철천지 원수, 수나라 영역의 양주 땅에 태자의 병구완을 위해 안심하고 보낼 수 있는지? 또 그곳에 금은보화를 보내 고민사를 처음 건축했다 하였는데 가능한 일인지 살펴봐야 한다.

더구나 수양제는 죽는 해(618년)까지 양주의 고운하까지 뱃놀이를 즐겼다는데, 그 운하의 건너편에는 고구려의 태자 고민이 고민사 법당에서 불법을 독경하였을 텐데 정말 가능한 일인가?

다시 말해 운하 서쪽은 고구려의 영역이고, 운하 동쪽은 수양제의 영역인 셈이다. 같은 양주 땅에서 고구려와 수나라가 공존할 수 있었을까?

10. 려(麗)·제(濟)·라(羅)·수(隋)가 공존할 수 있나?

양주 운하를 사이에 두고 한쪽에는 고민사에서 고구려왕의 태자가 병구완을 목적으로 기거하고, 다른 한쪽에는 뱃놀이하던 수양제가 강도궁(江都宮)에서 주연을 베풀며 양국 세력이 공존한 셈이다.

최치원의 장계를 다시 보자. '고구려와 백제는 전성기에 강한 군사가 백만이어서 남으로는 오·월의 나라를 침입하였고, 북으로는 유주와 연·제·노나라를 휘어잡아 중국의 커다란 위협이 되었다.(高麗百濟全盛之時 強兵百萬 南侵吳越 北撓幽燕齊魯 爲中國巨蠹)'라 했으니, 한때 고구려와 백제와 수나라가 공존했다고 볼 수 있다.

최치원은 양주에서 가까운 지금의 강소성 난징(南京)지방인 선주(宣州) 율수현(溧水縣)의 현위(縣尉)로서 잠시 근무한 적(876년경)이 있다. 그때 대략 400년 전의 강소성 일대의 역사를 살펴볼 기회가 있었을 것이다.

최치원의 장계로 려(麗)·제(濟)·수(隋)의 공존을 짐작할 수 있다.

필자는 『고대사 뒤집어 보기』에서 상대(上代) 신라의 위치를 밝힌 바 있다. 신라의 건국 시조 박혁거세의 능이 강소성에 있고, 신라의 중심 영역이 북쪽으로는 황하 유역, 남쪽으로는 양쯔강 유역에 걸쳐있다고 할 수 있다. 또 신라가 왜와 전쟁을 하였던 기록으로 보아 강소성 한 지역만 보더라도 려(麗)·제(濟)·라(羅)·수(隋)에 왜(倭)까지 공존했다고 할 수 있다.

실제로 이런 현상이 가능한 일인가?

그런데 중국의 역사 지도에는 수나라는 있어도 려(麗)·제(濟)·라(羅)·왜(倭)는 중국 본토에 그려있지 않다. 왜 그런 것인가?

우리는 현대에 와서도 영토(領土)와 국토(國土)라는 용어를 사용한다. 영토와 연관하여 영해(領海)니 영공(領空)이란 용어도 쓰고 있다.

그러나 국해(國海)나 국공(國空)이란 단어는 쓰지 않는다. 영토의 영(領)은 혈(頁, 머리, 얼굴, 이미지)의 명령(令, 영향)이다. 다시 말해, 무엇 또는 누구의 명령 혹은 영향력(影響力)이다.

또 하나 국토의 국(國)은 경계인 울타리 口(국)을 강조하는 개념이다. 국(國)자를 해자(解字)하면 口의 경계 안에 '或'字가 들어 있다. '或'字를 다시 해자하면, 口(도읍) + 一(길) + 戈(창)으로 이뤄진 글자이다. 다시 말해 군대가 창을 들고 도읍을 지키는 상형문자이다.

나라 國(국) 자를 만들어 쓰기 전에는 '或' 자가 나라 국자로 읽혔다. 그런데 사람들이 '或'을 '혹'으로 읽게 되자 이 글자에 '에울 담(口)'을 둘러쌓아 나라 국자를 만들었다고 한다.

이런 연유에서 국토는 다분히 경계(境界)와 강역(疆域)의 개념이다. 땅이나 지도에 금을 그어 놓고 통치권이 미치는 지역을 표시하는 개념이다. 이에 비해 영토의 개념은 이어지는 선의 개념이다. 한(漢)나라의 실크로드나 고조선의 장삿길이 이에 속한다.

고조선의 강역을 어디라고 지도상에 한정적으로 표시하는 일은 고조선의 성격이나 국정 방향에 맞지 않다고 본다. 국토의 개념이 아니라 영토의 개념이기 때문이다.

진시황이 천하를 통일한 직후 언어와 문자와 도량형을 통일했다. 수레와 바퀴를 규격화하여 나라 안 어디서나 통용되게 하였다. 또 춘추전국 시대 제나라 환공이 관중과의 대화(『관자』)를 보면 백성에게 세금을 부과하는 대목이 나오는데 이들은 국토의 개념으로 파악해야 할 것 같다.

후한이 멸망 후에 일어난 위(魏)·촉(蜀)·오(吳)의 지도가 중국의 역사부도에 있다. 그러나 려(麗)·제(濟)·라(羅)·왜(倭)의 지도는 없다.

위(魏)·촉(蜀)·오(吳)의 3국은 당시 전선(戰線)이 있었다. 이들 전선을 이으면 국경을 그려낼 수 있다. 국토의 개념에서 파악되는 것이다.

려(麗)·제(濟)·라(羅)·왜(倭)의 경우 전투는 있었으나 전선이 형성된 것이 아니라 장삿길에서 일시적이고 산발적으로 이뤄졌기 때문에 평면적 영역을 확보할 수 없어 지도상에 표시하기는 어렵다고 본다.

이들이 중국 본토에서 장삿길을 따라 영토가 이뤄진 상황은 상고대부터 내려온 영역 국가의 전통방식이라고 본다.

려(麗)·제(濟)·수(隋)가 공존했던 당시에는 영토개념의 국가와 국토개념의 국가가 병존하던 시대가 아니었나 생각한다.

지금까지의 고구려 격전지 탐색을 정리하면,
(1) 신라와 백제가 중국 땅에서 건국되고 어느 기간에 걸쳐 존속되었다는 사실,
(2) 고구려와 백제의 전쟁이 한반도가 아니라 중국 땅에서 이루어졌다는 사실,
(3) 중국의 중원에서 동해안 쪽으로 이르는 방대한 지역에 수나라와 고

구려, 백제, 신라가 공존하고 있었다는 사실,

(4) 최치원의 장계가 이를 뒷받침한다는 사실,

(5) 양저우에 있는 고민사가 고구려의 진출을 입증한다는 사실,

(6) 일본의 고대 일식 기록 분석에 의하면 왜의 중심 세력인 야마토 왕국이 아스카시대(538-710년)까지도 중국의 남동부에 있어 광개토왕의 토벌이 일본 열도로 향할 필요가 없다는 사실,

(7) 광개토왕이 수군을 거느리고 남벌한 코스가 한반도가 아니라 중국 동해안이라는 사실이다.

그렇다면 기존 동양사에 새로운 역사 문제가 될 것이다.

광개토왕 비문과 관련하여 일본이 주장하는 '임나일본부(任那日本府)'도 다시 풀어야 한다.

11. '임나일본부설'은 번지수가 다른 논쟁이다

임나일본부설이 있다. 한일역사 논쟁의 중심에 있으며 우리를 곤혹스럽게 하고 있다.

임나일본부설(任那日本府說, 이하 '임나설')이란 일본의 '야마토 왜(倭)'가 4세기 후반에 한반도 남부 지역에 진출하여 백제, 신라, 가야를 지배하고, 특히 가야에 일본부(日本府)라는 관청을 두어 6세기 중엽까지 약 200년간 직접 지배하였다'는 설이다.

야마토가 한반도에 진출했다는 4세기 후반이라면 고구려 광개토왕이 즉위(392)하기 바로 전의 일이다.

일본에서는 역사 교과서에 이 내용을 그대로 수록하여 '한국에 대한 일본인의 우월감'을 은근히 부추기고 있다.

중국에서도 대학의 세계사 교재 중 가장 널리 읽히는 인민출판사본 『세계통사』에 수록된 내용 중에 '야마토(大和) 국가는 매우 이른 시기부터 이웃 나라 조선을 침략했다. 4세기 중엽 조선반도 남단의 변한 가야국 수중에서 임나를 탈취해 북으로 침략을 계속하는 거점으로 삼았다.'[30]라고 '임나설'을 소개하고 있다.

동양 3국이 배우는 역사 교과서의 일면을 보고 있다. 한국인으로서는 부끄럽고 자존심 상하는 역사이다.

---

30) 조선일보, '중국 역사 교재, 여전히 임나일본부 서술, 유용태 서울대 교수, 인민출판사 『세계통사』 등 분석', 2020.06.22.

일본은 '임나설'의 근거로, 『일본서기』의 '진쿠(신공) 황후의 한반도 정벌설', 광개토대왕비(廣開土大王碑)의 비문, 『송서(宋書)』 등을 제시하고 있다.

일본 학자 중에 스에마쓰(末松保和)는 『대일본사(大日本史)』(1933년)의 한 편으로 「일한관계(日韓關係)」를 정리했다가, 제2차 세계대전 후에 학문적 체계를 갖춘 〈남선경영론〉을 만들어 『임나흥망사(任那興亡史)』(1949년)를 발간하였다. 그의 '임나설'을 요약하면 다음과 같다.

① 『삼국지』〈위서〉 왜인전 서두의 문구로 보아, 3세기 중엽에 이미 변진구야국(弁辰狗邪國), 즉 임나가라를 점유하고, 왜왕은 그 중계지를 통해 삼한에 통제력을 미치고 있었다.

② 『일본서기』 진쿠황후(神功皇后) 49년조의 7국 및 4읍31) 평정 기사로 보아, 369년 당시 왜는 지금의 한반도의 경상남북도 대부분을 평정하고, 전라남북도와 충청남도 일부를 귀복시켜 임나 지배체제를 성립시키고, 백제왕의 조공을 서약받았다.

③ 광개토왕비문의 기사로 보아, 왜는 400년32) 전후해서 고구려군과 전쟁을 통해 임나를 공고히 하고 백제에 대한 복속 관계를 강화하였다.

④ 『송서(宋書)』 왜국전에 나오는 왜 5왕의 작호로 보아, 일본은 5세기에 외교적인 수단으로 왜·신라·임나·가라에 대한 영유권을 중국 남조로부터 인정받았으며, 백제의 지배까지 송나라로부터 인정받고자 하였다.

---

31) 진쿠황후는 신라를 격파하고, 비자발(比自炑)·남가라(南加羅)·녹국(啄國)·안라(安羅)·다라(多羅)·탁순(卓淳)·가라(加羅)의 7국을 평정하고, 군대를 옮겨 서쪽으로 돌아 고해진(古奚津)에 이르러 남쪽의 오랑캐 침미다례(忱彌多禮)를 무찔러 백제에게 주었다. 이에 백제 왕 초고(肖古)와 왕자 귀수(貴須)가 군대를 이끌고 와서 만났다. 이때 비리(比利)·벽중(辟中)·포미지(布彌支)·반고(半古)의 4읍이 스스로 항복하였다는 '일본서기'의 기록이 있다.

32) 광개토왕 영락 10년에 해당한다. 비문에 대왕이 '임나가라(任那加羅)의 종발성(從拔城)에 이르니 성(城)이 곧 항복하였다'라는 기록이 있다.

⑤ 『남제서(南齊書)』 가라국전 및 『일본서기』 게이타이왕[繼體王] 때의 기사들로 보아, 5세기 후반에 일본의 임나에 대한 통제력이 완화되기 시작해 6세기 초반 일본은 백제에게 전라남북도 일대의 임나땅을 할양해 주기도 하고, 신라에게 남가라(南加羅) 등을 약탈당하기도 하면서 임나가 쇠퇴하였다.

⑥ 『일본서기』 긴메이왕[欽明王] 때의 기사들로 보아, 540년대 이후 백제와 임나일본부는 임나의 부흥을 꾀했으나, 결국 562년에 신라가 임나 관가를 토멸함으로써 임나가 멸망하였다.

⑦ 그 뒤에도 일본은 임나 고지에 대한 연고권을 가져서 646년까지 신라에게 임나의 조(調)를 요구해 받아내었다.

스에마쓰(末松保和)의 '임나설'에 대한 우리 국사계의 대응을 보면,

「광개토왕 비문」의 신묘년 기사는 매우 불분명한 것이어서, 왜의 임나 지배에 대한 증빙 자료로 활용될 수는 없다.[33)]는 것이다.

『삼국사기』 등 우리 문헌사에 일본에 의해 지배당했다는 기사가 없고, 왜의 문화가 유물에 반영된 바 없다.[34)]

『일본서기』의 신공 황후 관련 기사를 모두 조작된 전설로 본다.[35)]

---

33) 예를 들어, 비문의 2면 9행에 -전략- 急追至任那 加羅從拔城 城卽歸服安(급히 쫓아 임나가라에 이르러 성을 치니 성은 귀복 하였다)는 기사가 있는데, 비문 해석에 이견(異見)이 있다 하더라도 임나(任那)의 존재는 분명한 것 아닌가 한다.

34) 우리 역사 기록에 없다고 이웃 나라 역사의 존재를 부정하는 것은, 바꾸어 말해 외국 역사에 없으면 우리나라가 존재하지 않는다는 발상과 같은 것이다. 이런 발상 때문에 예를 들어 마한의 전방후원분이 일본의 영향이란 빌미를 제공하게 된다.

35) 남의 나라 역사를 우리가 부정해도 되는가? 이런 방식이라면 다른 나라에서 우리 역사를 부정해도 할 말이 없어진다.

『백제본기』가 인용된 『일본서기』의 기사들을 통해, 6세기 전반에 이른바 '임나일본부'라는 기구가 가야연맹의 강국 중 하나였던 안라국(安羅國: 지금 경상남도 함안)에 있었다는 것은 인정된다고 한다.

우리 국사계 주장은, '일본(日本)'이라는 국명이 7세기 중엽 이후에 성립된 것이므로 6세기 전반에 '일본부(日本府)'라는 명칭은 있을 수도 없다는 것이다. 따라서 '왜의 임나 지배'라는 선입견이 들어있는 '임나일본부'라는 용어는 폐기하고, 앞으로는 '안라에 있던 안라의 왜인 신하들이 일을 보던 곳'이라는 관점에서 '안라왜신관(安羅倭臣館)'이라는 이름으로 고쳐 부르는 것이 타당하다는 제안까지 했다.

이는 한반도의 '임나설'을 일부 인정한다는 것과 같다. 이같이 우리 국사계의 대응을 보면 참으로 답답하다는 생각이 든다.

스에마쓰(末松保和)의 '임나설'에 대한 필자의 견해는 다음과 같다.

첫째, 스에마쓰가 주장한 ①의 3세기 중엽에 변진구야국(弁辰狗邪國)이나 임나가라를 점유하고 통제했다는 주장이 중국 동해안이면 가능해도 한반도 남해안은 통제력이 미칠 수 없는 지역이다. 다음의 '마한 편'에서 밝히겠는데, 당시 일본 열도에는 야마토 왜(倭)가 없는 고훈(古墳)시대였다. 당시 한반도는 야마토 왜(倭)와 무관한 지역이다.

그의 주장, ②의 『일본서기』 진쿠황후[神功皇后]는 한반도에서 활동하지 않았다. 『삼국지(三國志)』와 『후한서(後漢書)』에 나오는 왜인(倭人)과 왜(倭)는 중국 동남해안의 월(越)나라에 뿌리를 두고 있다고 한다. 『일본서기』 야마토(大和) 시대의 일식 기록(AD628-709)을 분석한 천문학자 박창범 교수가 일식을 관찰하기 알맞은 지역이 중국 사서가 말하는 지역과 일치하였

다. 본책 앞 장 '백제 편'에서 진쿠황후와 백제 근초고왕이 만날 수 있다는 개연성을 열어놓았다.

『일본서기』에 기록된 진쿠황후의 기사는 예전에 월나라 도읍이었던 낭야성[청도]을 근거로 중국 산동반도에서 이룬 성과라고 본다.

둘째, 스에마쓰는 광개토왕의 비문을 가지고 '임나설'을 주장하고 있다. 이에 대해 1972년 재일본 사학자 이진희(李進熙)가 비문변조설을 제기하였다. 이진희는 여러 가지 탁본과 해독문을 대조한 결과, 일본 군부와 국수주의 학자들이 일본 역사의 우월성을 과시하기 위해 계획적으로 비면에 석회를 바르고 새로운 글자를 써넣은 것을 밝혀냈다. 따라서 스에마쓰의 주장은 옳지 않다고 본다.

일본이 비문 변조를 쉽게 인정하지 않은 상황에서 당분간 스에마쓰가 주장한 ③의 광개토왕 비문의 기사를 해석하는 논쟁은 쉽게 끝나지 않을 것 같다. 그런데 그의 주장과 비문 조작의 논쟁을 묶어두더라도 한반도의 '임나설'은 성립되지 않는다. 왜냐면 광개토왕이 백제와 왜를 정벌하기 위한 남벌 코스는 한반도가 아니라 중국 동해안이기 때문이다. 일본 군부까지 나서서 협력한 '변조의 범죄'는 소용없는 일이 되는 것이다.

셋째, 그가 주장한, ④의『송서(宋書)』〈왜국전〉에 나오는 왜 5왕에게 주어진 작호는 남조(송)가 국경을 접한 나라의 왕에게 주어 사이좋게 지내자는 선린외교 정책의 하나다. 작호의 명칭은 수령자의 요구나 역할을 강조하는 경향이 있다. 당시 왜(倭)의 희망 사항을 아전인수로 해석한 것은 잘못이라고 본다.

⑤의 『남제서(南齊書)』 가라국전 및 『일본서기』 게이타이왕(繼體王) 때의 기사에서 '6세기 초반에는 백제에게 전라남북도 일대의 임나 땅을 할양해 주기도 했다는데 백제는 한반도에 없었다. 다만 백제나 신라와 접촉한 사건이 있다는 것은 당시 왜가 중국의 동남쪽에 있었다는 사실이 더욱 명확해지는 것이다.

스에마쓰의 '임나일본부설'과 일본의 조선 침략을 정당화하는 남선경영론(南鮮經營論)을 일거에 물거품으로 만드는 것이 광개토대왕릉 비문이다. 비문이 말하는 고구려의 격전지는 한반도가 아니라 중국 대륙 동해안이었다.

일본인들에게 하고 싶은 말은 한반도 남해안에 와서 기웃거릴 것이 아니라 중국 동해안에 가서 임나의 실마리라도 풀기를 권한다.

'일본은 번지수가 다른 임나일본부설을 가지고 한반도를 괴롭히지 마라'

■ 참고문헌

◇ 강찬석·이희진, 『잃어버린 백제의 옛 도읍지』, 소나무(2009).
◇ 국립문화재연구소, 『한국고고학사전』, 국립문화재연구소(2001).
◇ 국립중앙도서관, 「고지도를 통해 본 경기지명연구」, 국립중앙도서관 고문연구총서②(2011).
◇ 김부식·이재호 옮김, 『삼국사기』(1) (2) (3), 솔(1997).
◇ 김종수 외, 『고등학교 한국사』, 금성출판사(2013).
◇ 박영규, 『한권으로 읽는 백제왕조실록(증보판)』, 웅진닷컴(2004).
◇ 박창범, 『하늘에 새긴 우리 역사』, 김영사(2018).
◇ 박창화(남당) 필사본, 〈고구려 사초/략, (20대) 장수대제기〉, 〈고구려 사초/략, (23대) 안원왕(安原王) 편〉
◇ 소진철, 『해양대국 대백제』, 주류성출판사(2008).
◇ 서긍·탁양현 옮김, 『선화봉사고려도경』, 퍼플(2018)
◇ 신채호·이만열 주석, 『주석 조선상고사(註釋 朝鮮上古史)』 상·하, 형설출판사(1983).
◇ 안경전 옮김, 『청소년 환단고기』, 상생출판(2012).
◇ 엔닌, 신복룡 역주, 『입당구법순례행기』, 정신세계사(1991).
◇ 오운홍, '검단(黔丹)은 선사시대 한자용어의 군사방위 개념이다', 『해동문학』, 2014. 여름(통권86호).
◇ 오운홍, 『고대사 뒤집어 보기』, 시간의물레(2020).
◇ 이기백, 『한국사신론』, 일조각(1972).
◇ 이상업, 『서양인들이 본 한국 근해』, 한국해양개발(주)(2003)
◇ 이원식, 『한국의 배』, 대원사(1990).
◇ 이중재, 『상고사의 새 발견』, 명문당(1993).
◇ 이형구·이기환, 『코리안 루트를 찾아서』, 성안당(2010).
◇ 일연, 이재호 옮김, 『삼국유사』(1) (2), 솔(2017).
◇ 임승국 번역, 『한단고기(桓檀古記)』, 정신세계사(2016).
◇ (재)한백문화재연구원, 『하남 덕풍동·풍산동 유적』, 신양사(2016).
◇ 한국정신문화연구원, 『한국민족문화대백과사전』 〈울주검단리유적(蔚州檢丹里遺蹟)〉, 부산대학교박물관(1995).

◇ 해저지도, 국립해양조사원 해도(K-2010), 한국해양(주).
◇ China Road Atlas, 산동성지도출판사(山東省地圖出版社)(2006).

◆ 재인용한 동양 사서
◇ 중국의 『수서(隋書)』, 『구당서(舊唐書)』, 『신당서(新唐書)』, 『통전(通典)』, 『위서(魏書)』, 『송서(宋書)』, 『남제서(南齊書)』, 『건강실록(建康實錄)』, 『자치통감(資治通鑑)』, 『양서(梁書)』, 〈양직공도(梁職貢圖)〉, 『삼국지(三國志)』, 『후한서(後漢書)』, 『사기(史記)』, 『문헌통고(文獻通考)』, 『북사(北史)』, 『남사(南史)』, 『북제서(北齊書)』, 『한서(漢書)』 지리지, 『관자(管子)』, 『진서(晉書)』, 『수경주(水經注)』.
◇ 일본의 『일본서기(日本書紀)』, 『백제신찬(百濟新撰)』.

◆ 웹문서
◇ 고구려역사저널 www.greatcorea.kr
◇ 나무위키, 위례성 : 경기도 하남시춘궁동 가설(2)
◇ 다움 백과사전 : 벽골제.

◆ 관련 신문기사
◇ 〈경북일보〉, 윤용섭의 신삼국유사, 58.백제에 관한 남은 이야기, 2018.3.30
◇ 〈동아일보〉, '무령왕릉 발굴' 기사, 1971년 7월 8일
◇ 〈동아일보〉, 충주고구려비, 광개토왕 때 건립 가능성, 2019. 11.21.
◇ 〈복지TV부산방송〉, 1,500여 년 동안 감춰져 왔던 전북 완주군 가야, 2018. 11.18.
◇ 〈시사저널〉, "완주는 가야 철 생산기지"…제철 유적 35곳 확인, 2020.7.9.
◇ 〈연합뉴스〉, 중국 요서에서 '임둔(臨屯)' 봉니 출토, 2002.4.11.
◇ 〈연합뉴스〉, '향로의 유래, 중국 한초(漢初)부터 사용, 일명 박산로(博山爐)', 1993.12.22.
◇ 〈월간중앙〉 하남 이성산성의 비밀 - 백제 지배한 시절의 성터 신라 토기만 나왔다?, 2009.9월호
◇ 인터넷신문, 〈스카이데일리〉의 2017.7.15. '조선사편수회' 관련 기사.
◇ 조선일보, '중국 역사 교재, 여전히 임나일본부 서술, 유용태 서울대 교수, 인민출판사 『세계통사』 등 분석', 2020.06.22.
◇ 〈중앙일보〉, 이덕일의 고금통의(古今通義) 난세 (1), 2012.02.13

〈 찾아보기 〉

가림성(加林城) 117, 131
가야의 봉수로 31
각라도(各羅島) 134
강도궁(江都宮) 213
강역(疆域) 214
검단(黔丹) 38, 39
검단리 유적 40
검단리(檢丹里) 14
검단산(黔丹山) 14
검단산 11
검단이고개 39
견당선(遣唐船) 196
견아성(犬牙城) 101, 102
계백장군유적지 159
계절풍 195
고구려사략 145, 150, 154
고마(固麻) 132
고민사(高旻寺) 200, 209, 211
공산성 16
교역로 94, 171, 184
구각정(九角亭) 41
구노(狗奴) 201
구야한국 202
국내성 91
국토(國土) 214
군군(軍君, 곤지昆支) 135
굴립식(掘立式) 14
기마민족 199

기마부대 208

나당동맹 124
나패(那覇; 나하) 201
낙랑 170
낙랑공(樂浪公) 92
낙랑태수 89, 90, 92
난세이제도(南西諸島) 201
난평(灤平) 95
남부여(南扶餘) 118, 122
남선경영론(南鮮經營論) 218, 222
남평양(南平壤) 49, 54
납공(納貢) 151, 200
낭야(琅琊) 83
노객(奴客) 152, 186
노벽편 31
노천 철광 33
누선[樓舫] 108
능산리 고분 25

다리(多利) 129
다퉁(大同) 72
담이(儋耳; 廣西省) 136
대두산성(大豆山城) 99
대수 88
대해(大海) 69, 72, 139
동성(東城) 141, 158
동여도지(東輿圖志) 38

동평(東平) 82

루방현 88

마곡사(麻谷寺) 20
마자수 51
마파(馬坡) 117
마한(馬韓) 69, 71, 127, 139, 178
막조선(莫朝鮮) 71
막초석 43, 46
말먹이 113
매금(寐錦) 151, 190, 200
모용황(慕容皝) 91
목협만치(木劦滿致) 99
몽촌토성 11, 15
무령왕릉 지석 125
무령왕릉 25, 27, 124
무역풍 195
문교공보위원회 26
미륵사(彌勒寺) 30, 32
미추홀 65, 88

박산로(博山爐) 58
반걸양(半乞壤) 96
반도사(半島史) 48
발해만 139
방어군 161, 162
백마하(白馬河) 117
백잔(百殘) 150, 186
백제금동대향로 55
백제사마왕 124

백제선(百濟船) 196, 198
백제의 지리(地理) 139
백제의 지표유물 36
백제의 채무 155
벽골지(碧骨池) 28, 32
부산(富山) 183
비류(불류, 沸流) 65
비문변조설 221

사공(司空) 우(禹) 204, 205
사대주의 167
사비성(泗沘城) 18, 119, 120, 158
사성(泗城) 120
사성(蛇城) 173
사오싱(紹興) 142, 201
사현(泗縣) 120
산월(山越) 143, 205
살수(薩水) 101
삼한관경본기(三韓管境本紀) 71
상판성(上板城) 96
상화울(桑花鬱) 44
서성(西城) 141, 158
선린외교 128, 221
선운사(禪雲寺) 22
선화봉사고려도경(宣和奉使高麗圖經) 50
속리산(俗離山) 180, 192
속민(屬民) 150
수경주(水經注) 87
수군(水軍) 188
수륙 양면작전 199
수호영시성 115

슬래그 31
신공황후(神功皇后) 80
신라토내당주(新羅土內幢主) 177
쌍현성(雙峴城) 146

아차성(阿且城) 173
안라인수병(安羅人戍兵) 189
압록수 51
야마토 왜(倭) 217
야마토(大和) 137, 195, 206, 220
양직공도(梁職貢圖) 132
어아가 179
어하라(於瑕羅) 151, 200
여제동맹 124
연근해 항해 196
염수(鹽水) 183
영동대장군 128
영토(領土) 214
오·월 167
오수전 128
와신상담(臥薪嘗膽) 205
왕비 연씨(燕氏) 146
왜의 전진 기지 206
왜인의 중심지 207
용병(傭兵) 191
우두성(牛頭城) 100, 117, 131
우문씨(宇文氏) 93
우이산맥(武夷山脈) 207
웅략 천황 138
웅진(熊津) 98
웅진성(熊津城) 118

웅천(熊川) 98
웅천책(熊川柵) 69
월주성 158
위례성 12, 68, 72, 88
율수현(溧水縣) 169, 213
이성산성(二聖山城) 14, 34
22담로 132
인질 외교 191
일식 관측지 65
임나일본부(任那日本府) 216
임류각 17

자장(慈藏) 20
장마 기록 65
장삿길 215
저우산군도(舟山群島) 142
전선(戰線) 215
조공(朝貢) 150
조백하(朝白河) 11
조선사(朝鮮史) 10
조선하(朝鮮河) 79
좌월(左越) 205
주산군도(舟山群島) 201
주애(朱崖) 136
지가도 202
지난(濟南) 82, 111, 113, 116
지원군 161, 162
진국(辰國) 140
진저우(錦州) 140
진조선(眞朝鮮) 71
진쿠황후[神功皇后] 218

진한 139
진황다오(秦皇島) 140
진흥왕 순수비 43

차오양(朝陽) 140
차카염호(茶卡鹽湖) 184, 193
천수조(天水槽) 44
천중탑(天中塔) 209
청자육이호(靑磁六耳壺) 27, 57, 129
초축성벽(初築城壁) 36
최치원 기념관 169
최치원의 장계 166, 200
춘궁동(春宮洞)설 35
충주고구려비 177, 190
치양 전투 5, 94, 96
치양성(雉壤城) 102
칠지도(七支刀) 191

태백일사 150
토곡혼(吐谷渾) 182
토지매입권(土地買入卷) 60

팔각정(八角亭) 41
패강 전투 86
패수(浿水) 51, 88
평량(平涼) 184
평량(平涼) 193
평저선 196, 197

푸춘강(富春江) 143
풍납토성 11, 12

한강(漢江) 77
한마영(韓麻營) 95
한사군(漢四郡) 77
한산(漢山) 75
한산주의 치소(治所) 37
한성(漢城) 68, 72, 75, 82
한솔 해명(解明) 117, 131
한수(漢水) 75, 82
할석(割石) 43
항주 142
해남도(海南島) 136
해양세력 208
해저 소백산맥 203
해하(海河) 11, 66, 79, 94, 96,
               139, 191
해하유역도海河流域圖 11
화공책(火攻策) 113
환도성 91, 172
황산(黃山) 160
황산벌 159
황산벌전적지 159
황전(黃田) 160
회계(會稽) 83
회계군(會稽郡) 180, 201
후원(後園)의 땅 178

책을 마무리하며...

❶ 식구가 나에게 물었다

"당신은 허구한 날 책상과 컴퓨터에 매달려 뭘 쓰고 있어요?"

중국을 무대로 해서 건국하고 멸망한 백제와 이와 견원지간인 고구려가 중국 땅에서 싸운 역사를 찾아 나섰다는 이야기를 듣더니 하는 말,

"우리 역사가 아니네, 왜 남의 나라 역사에 시간과 비용을 낭비하는 거죠?"

듣고 보니 '백제 역사는 남의 나라 역사?' 아닌가 하는 생각이 들었다. 내가 배웠고, 내 후손이 배울 역사인데, 진위가 밝혀져야 하지 않을까? 과거 교육계에 몸담았던 교육자로서, 학문을 사랑하는 사람으로서 진위를 밝히고 싶어졌다. 후학들은 이를 어떻게 받아들일까?

국가적으로 볼 때, 백제 관련 '관광 산업'은 어찌 될 것인가?

산업 관련 피해자는 어떻게 반응할 것인가?

글쓰기를 멈추고 갈등하고 고민하는 중에,

"걱정하지 마라, 그렇다고 그들이 장사를 안 하겠느냐? 너의 자손에게

필요한 것은 진실이다. 걱정하지 말아." 하는 소리가 들리는 것 같다.

상인을 위해 거짓말의 역사를 묵인하는 것은 옳지 않다고 여긴다. 그리고 상인의 자녀도 바른 역사를 알아야 하지 않을까 한다.

용기를 내어 2집을 내놓기로 했다.

❷ 중국에서 넘어온 성씨가 말해 준다

필자가 어렸을 때, 선친으로부터 조상에 대해 들은 이야기가 있다.

"신라 지증왕 때 오(吳)자, 첨(瞻)자 쓰는 할아버지가 중국에서 넘어와서 함양에서 살다가, 늙어서 수구초심(首丘初心)으로 고향이 그리워 중국으로 돌아가는 길에, 둘째 아들(오응, 吳膺)이 너무 어려 두고 가셨다. 그분들이 우리 오가(吳家)씨의 뿌리이시다. 본이 달라도 같은 핏줄이니 결혼을 할 수 없다."고 하였다.

지금 생각해보니 그 할아버지, 오첨(吳瞻)은 강소성에서 살다가 신라 유민을 따라서 왔거나 부름을 받아 왔을 텐데*, 따져보면 필자의 조상이 중국 동해안의 역사와 관련 있다고 할 수 있다.

남자들의 술좌석에는 의례 군대 이야기 아니면 족보 이야기나 역사 이야기가 끼이게 마련인데, 필자의 글 벗이자 말벗인 홍 교장과 족보 이야기로 어우러진 적이 있었다. 남양 홍씨인데, 고려 개국공신으로 삼중대광태사(三重大匡太師)를 지낸 홍은열(洪殷悅)을 기세조(起世祖)로 하는 남양 홍씨 당홍계(南陽 洪氏 唐洪系)라 한다. 당나라 태종 때 고구려 영류왕의 요

---

* 〈오씨 대동보〉에 의하면, 지증왕 원년(500년)에 왕이 김종지(金宗之)의 딸을 내려 경남 함양에서 2남 1녀를 두고 22년을 살다가 521년 다시 중국으로 들어갔다고 한다.

청에 의해 당나라 8학사(八學士)의 한 사람인 홍천하(洪天河)가 고구려에 입국한 것에서 연유한다고 했다.

필자가 갑자기 족보 이야기를 꺼낸 데는 이유가 있다.

독자를 포함한 대부분 한국인의 뿌리(족보)가 중국과 관련이 있다는 점을 상기하고자 한다. 중국에 뿌리를 두었다고 해서 사대주의로 생각할 일이 아니다. 당시 한반도는 인구밀도가 낮았고 개척의 땅이었다. 중국의 전란을 피해 스스로 왔거나, 초빙을 받아 왔거나 기시조(起始祖)의 조상 대부분이 중국에 있었다. 중국 동해안에 존재했던 신라, 고구려, 백제가 남의 나라 이야기가 아니라 우리 조상이 뿌리내려 살던 땅의 이야기다.

❸ 필자가 상고사에 나선 이유가 있다

한국사를 연구하는 분이라면 전공 분야에서 가끔 벽에 부딪히거나 종횡으로 맞지 않는 부분을 경험했을 것이다. 그 분야가 상고사에 걸려 있다면 어려운 문제에 부딪혔을 빈도가 더욱 높았을 것이다.

우리나라 역사학자 중에 학문이 깊고 역량 있는 분들이 많이 있다. 그런데 그분들이 이와 같은 문제가 있음을 감지하고도 해결하지 못했던 데는 나름대로 어떤 제약이 있었던 것 아닌가 한다.

예를 들면, 한국사의 골격이 된 '조선사'를 이어받은 학파로서 '조선사'에 반하는 서적이나 정보를 받아들이지 못하는 제약이 있을 수 있다.

또 다른 방향에서 보면, 이들 학파는 물론 다른 학파도 역사의 인접 학문인 언어, 문자, 지리와 지명, 경제, 사회, 법률, 문화, 종교, 미술, 민요 등 방대한 학문과 연결되기도 하고, 또 천문학과 기상학과 지질학 등 자연과학에도 접근해야 한다.

필자가 나선 이유는 어느 학파에 묶이지 않아 금서(禁書)가 없으니 정보 수집이 자유롭고 광범위했다. 두 번째 이유는 인문학과 자연과학과 예체능을 넘나드는 사범교육을 받았고, 인접 학문에도 익숙하다는 점이다.

세 번째는 해방(1945.8.15.) 직전 출생자로서, 전근대적이며 고유문화의 잔재를 경험했고, 동이(東夷)의 언어와 정서가 보존된 제주어(濟州語)를 경험한 필자로서는 역사에 대한 육감이 예민하여 남보다 손쉬웠다고 자인한다. 예를 들면 〈백제본기〉 온조왕과 근초고왕 때 나오는 한강[한수]과 한성 천도가 같은 곳인가, 아니면 다른 곳인가의 논란에서 '한강'의 의미와 언어문화를 알기에 다른 역사문제와 함께 눈 녹이듯 풀 수 있었다. 우리 세대가 지나가면 역사 복원의 길은 점점 멀어질 것이다. 그래서 필자가 나선 것이다.

『삼국사기』〈백제본기〉의 기록은 중국 땅에 있었던 기록이다. 그리고 백제인은 그 땅을 빼앗긴 것이다. 조상이 살던 고향 같은 땅이다.

현재 주인이 있는 그 땅을 찾기란 어려운 일이다. 그렇지만 조상이 살다가 묻힌 그 땅의 역사를 복원하는 일은 진실을 향한 의무라고 생각한다.